논리 & 논증의 여왕

2025 변화된 시험 합격에 다가서는 **확실한 선택!**

윤주국어

변화된 최신 출제 경향에
맞춘 기본서

논리 진짜 전문가 합격 Only One 윤주국어

수험생 여러분,
2025 공무원 국어 시험이 확 달라진 개편을 예고했습니다.
단순 암기를 지양하고 사고력을 강화하는 방향으로 시험의 출제 기조를 변화하였습니다.

가장 중요한 특징은,

1. 문법 영역을 지문 독해로 출제

2. 문학 영역을 지문 독해로 출제

3. 어휘 영역을 지문 독해로 출제

4. PSAT 명제, 논리 유형과 유사한 문항 다수 출제

5. 하나의 지문에 다른 유형을 함께 묻는 세트 문항 출제

등으로 정리할 수 있습니다.

이렇게 변화된 시험에 대해 누가 더 유리하다 누가 더 불리하다 등의 말들이 많아서 수험생의 입장에서는 혼란스럽기만 할 것입니다.

하지만 '위기가 곧 기회다'라는 말이 있듯이, 지금 가장 중요한 것은 어떤 시험 유형에서도 흔들리지 않는 굳건한 '실력'입니다.

모든 문제 유형이 독해로 출제되는 시험에서 가장 중요한 것은 글을 읽고 이해하는 능력, 바로 '문해력'입니다. 그리고 시간에 맞추어 정확하게 푸는 훈련이 필수입니다.

이제 윤주국어는,
모든 수험 국어의 경력(국어 정교사, EBS 강의, PSAT 언어논리 강의, LEET 언어이해 강의, 그리고 모든 교재의 집필 등)을 바탕으로 수험생들에게 가장 정확하고 효율적인 학습 방향을 제시하고자 합니다.

언제나 여러분의 합격만 생각하는 윤주국어와 함께하면 어떤 시험에서도 이길 수 있습니다.
여러분의 합격의 날까지 제가 여러분과 항상 함께하겠습니다.

5월 연구실에서
이윤주

2025 변화된 출제 경향

	출제 예시 문항 유형 분류	
	2025 9급 국어 예시 문항 (인사혁신처)	
1	문법	바른 문장
2	독해(문법)	미루어 추리 + 사례 적용
3	독해(문법)	사례 적용
4	독해(문학)	내용 추리
5	명제, 논리	참, 거짓
6	독해(문학)	미루어 추리
7	독해(예술, 문화)	논리적 순서
8	화법과 작문	개요 작성
9	독해(과학, 기술)	빈칸 내용 추리
10	독해(문학)	미루어 추리
11	독해(어휘)	어휘 & 문맥적 의미
12	명제, 논리	결론 추리
13	화법과 작문	고쳐쓰기
14	독해(논증)	강화, 약화
15	독해(문학)	미루어 추리
16	독해(어휘)	어휘 & 문맥적 의미
17	독해(논증)	논증 분석
18	독해(논증)	강화, 약화
19	독해(어휘)	어휘 & 문맥적 의미
20	명제, 논리	전제 추리

2025 국어 무엇이 달라지나?

1 문법 영역 지문 독해로 출제
   - 문법 핵심 개념 정리 필요

2 문학 영역 지문 독해로 출제
   - 지문 독해만으로 풀이 가능

3 어휘 영역 지문 속에서 문맥적 의미 추리로 출제
   - 어휘의 문맥적 의미 추리 훈련 필요

4 PSAT 명제, 논리 유형과 유사한 문항 다수 출제
   - 참 거짓 유형, 전제 결론 추리 유형, 논증 분석 유형, 강화 약화 유형

5 세트 문제 출제
   - 하나의 지문에 다른 유형 함께 출제

공무원 국어 시험의 변화에 맞춰 **더 강해진, 더 새로워진**
2025 윤주국어 NEW 커리큘럼

 커리큘럼

학습단계	강좌명		
기초	세상에서 제일 쉬운 명제, 논리		
이론	독해의 여왕	논리&논증의 여왕	문법의 여왕
훈련1	기출 닮은 독해 N제	기출 닮은 논리&논증 N제	기출 닮은 문법 N제
훈련2	기출 천사 N제 (독해/논리&논증/문법)		굿모닝 윤하프
모의고사	실전 동형 모의고사		

스스로 하는 훈련

학습단계	강좌명	
매일 훈련 프로그램	하루 독해	하루 논리

* 자세한 강좌 안내는 메가공무원 홈페이지를 참고하세요.

선배들의 합격수기
합격생 추천사

간결하고 명확한 커리큘럼으로 고득점까지

최은진 국가직 합격자

공통 과목 중 시험 범위가 방대한 국어 공부가 가장 막막했습니다. 윤주국어 덕분에 시간 대비 가장 효율적인 국어 공부를 할 수 있었습니다. 쉽고 체계적인 설명과 커리큘럼 그리고 효율적인 회독을 가능하게 한 '윤주국어'는 큰 도움이 되었습니다. 간결하고 명확한 윤주국어 커리큘럼 덕분에 고득점을 받았습니다. 과목 수가 많다 보니 무엇보다 효율적으로 공부하는 것이 중요했는데 만약 국어 공부를 효율적으로 하지 못했더라면 다른 과목에 투자할 시간을 확보하지 못해서 합격하기 어려웠을지도 모릅니다.

'윤주국어'는 핵심을 한눈에 볼 수 있고 가독성이 좋습니다. 그리고 '윤주국어 기출천사'는 부족한 내용을 보완할 수 있어 다시는 실제 시험에서 실수를 줄여 틀리지 않도록 합니다. 다른 공무원 수험서와 달리 방대하게 나열되지 않아 핵심 부분을 체크하여 보충할 수 있고 간편하게 공부할 수 있는 '윤주국어 핵심 마무리 노트'의 단권화로 합격이 가능했습니다.

이윤주 선생님은 열정적인 강의만큼 마음도 따뜻하셔서 학생들을 정말 잘 챙겨 주시고 국어를 전략 과목으로 만들어 주셨습니다. 감사합니다.

공시 저격, 공시 맞춤 윤주국어

윤영기 국가직 합격자

선생님! 국가직 9급 필기 합격했습니다. 선생님 너무 감사합니다. ^^ 작년 선생님 강의를 듣기 전에는 국어의 방대한 양과 반복의 지겨움에 지쳐가고 있었습니다. 지방직 7급을 앞에 두고 있던 상황에서도 국어 기본서를 펴기조차 싫을 정도였습니다. 그런데 윤주국어 기본서는 너무 효율적이었습니다. 교재에 대한 부담감이 줄어드니 마음이 훨씬 가벼워졌습니다.

취향을 저격한다는 말이 어법에는 안 맞는 말인지는 몰라도 정말 윤주국어는 공시 저격입니다. 적당한 예시와 참신한 기억법, 비교를 통한 핵심포인트 시험 문제에 바로 적용되는 짜릿함! 몸에 맞지 않아 보기 싫은 옷을 입은게 아니라 정말 잘 재단된 수트를 입는 느낌일까요? 윤주쌤 강의 정말 추천합니다.

튼튼한 기초 위에 날카로운 스킬!

김신영 교행직 합격자

선생님 강의는 윤주국어 기본서로 이론 뼈대를 튼실하게 다지는 느낌이었습니다. 이론 → 기출 → 단원별 모의고사 → 동형 모의고사 순서로 커리를 타면서 가지를 뻗다 보니, 마지막에는 어느새 숲을 이룬 기분이 들었어요.

윤주쌤께 배운 콤팩트한 뼈대와 스킬을 가지고 있으니 누구보다 국어에서는 강점을 가졌으리라 확신했고, 95점을 받고 지방교행 최종합격까지 하게 됐습니다.

부족했던 제가 국어에 자신감을 가질 수 있게 해주신 윤주쌤! 항상 칠판에 쓰인 디데이를 상기시켜 주시면서 격려해 주시고, 언제나 열정적인 모습에 자극도 많이 받았구요. 감동이었어요. 쌤. 선생님께 잘 다가가진 못했지만... 마음속으로 늘 감사하곤 했답니다.^_^

국가직, 지방직 2관왕!

한*진 국가직, 지방직 합격자

저는 타수업 수강하다가 (특히 문법에서)너무 많은 용어와 쏟아지는 암기내용에 정리도 안 된 채로 허덕이던 상태였습니다. 그러다가 윤하프 수업이 무료라길래 들어보고 국어 커리를 완전히 뜯어고친 계기가 되었습니다.

1. 윤하프
그동안 정리도 안 되어있고 쌓아두고 외면했던 개념들을 하나씩 정리할 수 있었습니다. 테마별로 다뤄주시지만 그래도 이론강의를 다시 수강하면서 빠진 내용을 보충하고 싶어 윤하프와 병행하면서 이론-기출-문풀을 다시 시작했습니다.

2. 기본이론: 단 하나로 개념완성 올인원
다시 처음부터 시작했기 때문에 다른 과목에 비해 뒤쳐졌다는 급한 마음에 배속듣기를 했는데… 딕션이… 다 들려요…. 게다가 선생님의 판서… 깔끔 그 자체… 도저히 이해가 안 되는 건 도식화 해주시는 내용 자체를 사진 찍듯 외우기도 했습니다.
다시 한 번 하나씩 정확하게 암기할 수 있었던 기회로 잘 활용했습니다.

3. 기출천사
따끈따끈한 최신 기출 문제가 반영되어있는 기출천사!
스스로 개념이 완전하다는 느낌이 없었기 때문에 많이 불안했는데… 세상에나… 지치지 않고 반복해주십니다…. 반복 천사 윤주쌤….

4. 압축강의
시간이 없다는 핑계로 기본이론 건너뛰고 압축강의부터 시작할까 유혹도 많았지만 역시 가장 빠른 길은 바른 길인 것 같습니다. 기초부터 튼튼히했기 때문에 새로운 내용을 배운다기 보다 놓친 부분이 없는지 확인하며 회독효과를 얻을 수 있었습니다.

5. 문제풀이: 400제 + 동형 모의고사 1, 2
그 동안 성실히 커리를 따라왔다면 난도 높은 문제를 제외하면 분명히 잘 풀이하실 수 있을 겁니다. 저는 주로 말장난으로 낚는 문제에 출제자의 의도대로 잘 낚이는 편이었는데, 여러 유형을 접하면서 실수를 줄일 수 있었습니다. 동형은 다른 과목의 모의고사도 함께 준비하여 실제 시험처럼 100제 준비해 풀이했습니다.

6. 특강: 띄어쓰기 + 만점필수문학 + 어휘당 + 하루독해
중간중간 특강을 많이 해주십니다.
우선 제가 마르고 닳도록 추천하는 띄어쓰기 특강: 띄어쓰기 문제만 나왔다하면 손도 못대던 제가 4시간의 특강 3회독 후 완전히 달라졌죠….
만점필수문학: 구지가부터 시작해서 주요 문학을 정리해주십니다. 같은 작품이어도 어느 부분이 출제되느냐에 따라 답이 달라지기에 NOST을 파악하며 전체적인 작품흐름이나 빈출주제를 다뤄주십니다.
어휘당: 한자의 형성 어원을 그림으로 그려주시는데 꽤나 연상이 잘 됩니다. 사자성어는 테마별로 다뤄주시는데 4글자 모두 알아야한다는 제 강박이 쓸데없는 것임을 알게 되었습니다.
지금쯤 기출 혹은 문풀 강의 수강 중일 시기인 것 같은데, 윤주쌤과 함께 바른길로 빠르게 원하는 결과 얻으시길 바라겠습니다!

구성과 특징

빈틈 없이 꼼꼼한 짜임새

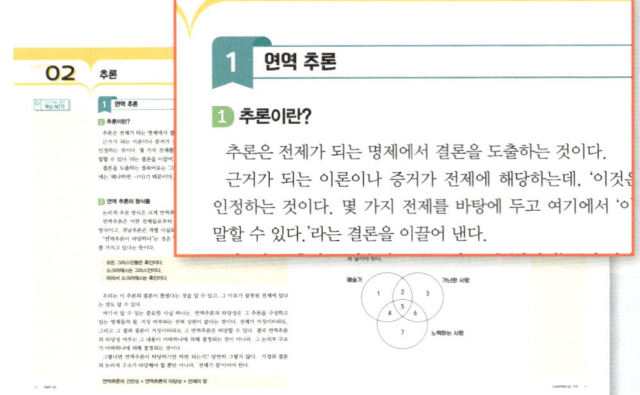

핵심 이론 내용 엄선
최신 출제 경향에 맞춘 꼭 필요한 내용만을 선별하여 수험생들이 효율적으로 학습할 수 있도록 하였다.

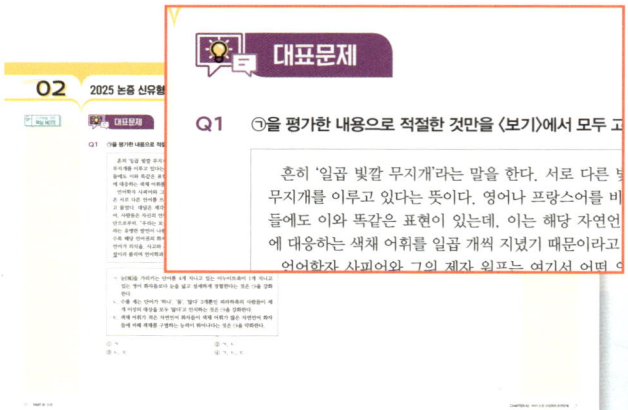

신유형 대표문제
신유형 대표 문제를 수록하여 수험생들이 변화하는 국어 시험 출제 경향을 확인할 수 있도록 하였다.

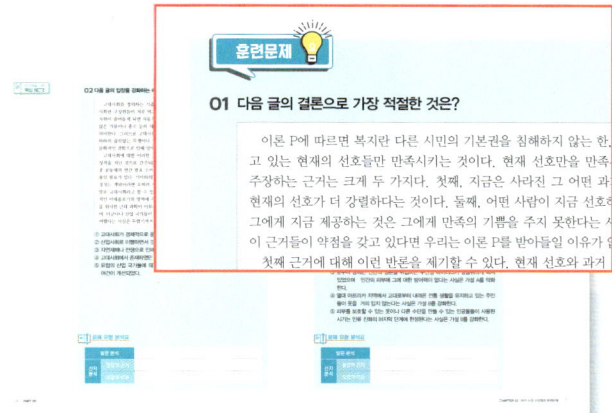

훈련문제
훈련문제를 수록하여 문제 유형 분석과 함께 실전 문제 대비 능력을 기를 수 있도록 하였다.

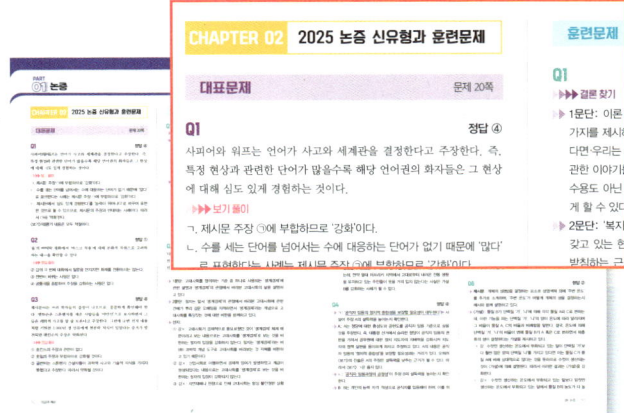

상세한 문제 해설
수록된 모든 문제를 정답과 오답 해설로 상세하게 풀이해 두었다.

들어가기 전에

'2025 논리&논증의 여왕'은,
2025 출제 기조 전환에 철저하게 맞춘 교재입니다.
논리와 논증 영역에서 출제한 인사혁신처 예시문항에
딱 맞추어 난이도를 조절하였습니다.

1. 5급이나 7급 'PAST 언어논리'의 지엽적인 개념이나 난해한 공식들은 배제하였습니다.

2. 'PAST 언어논리'의 해설이 한 페이지가 넘어가는 고난도의 문제들도 배제하였습니다.

3. 인사혁신처 예시문항에 딱 맞추어 너무 어렵지도 쉽지도 않게, 명제의 참·거짓 유형, 전체 추리 유형, 결론 추리 유형의 훈련문제들을 제작하였습니다.

언제나 강조했듯이,
시험 출제 경향과 난이도에 딱 맞춘 개념과 문제로 정리하고 훈련해야 함을 잊지 마세요!

여러분의 합격만 생각하는
이윤주

차례

▷ PART 1 논증

CHAPTER 01 논증 분석
1 논지 파악 ············ 16
2 강화, 약화 ············ 17

CHAPTER 02 2025 논증 신유형과 훈련문제 ············ 20

▷ PART 2 논리

CHAPTER 01 명제
1 논리의 개념 ············ 32
2 명제의 개념 ············ 33
3 부정의 개념 ············ 35
4 명제의 종류 ············ 37
5 동치 법칙들 ············ 51

CHAPTER 02 추론
1 연역 추론 ············ 54
2 귀납 추론 ············ 68

CHAPTER 03 2025 논리 신유형과 훈련문제
1 참·거짓 ············ 72
2 결론 추리 ············ 78
3 전제 추리 ············ 84

정답과 해설 ············ 92

Part 01
Part 01

논증

CHAPTER 01 논증 분석
CHAPTER 02 2025 논증 신유형과 훈련문제

2025

윤주국어
논리&논증의 여왕

CHAPTER 01 논증 분석

　강화약화논증이란 주장·논증 글의 논지를 묻거나 논증의 구조 파악 또는 논증의 평가를 묻는 유형이다.
　많은 수험생분이 강화약화논증 유형에 대한 잘못된 이해와 선지 해결 기준들을 가지고 접근하고 있어 실전에서 어려움을 호소하는 유형이기도 하다. 그러나 강화약화논증 유형에서 제대로 된 학습과 사고 훈련을 한다면 빠르고 명확하게 정답을 도출할 수 있다.

1 논지 파악

　논지란 필자가 주장과 전제들을 통해 결론적으로 하려는 말을 의미한다.
　글이 장황하고 어렵더라도 '이런 말들을 통해 필자가 하려는 말'인 논지 파악에 집중하도록 하자.

2 강화, 약화

1 글을 강화/약화하는 것 고르기

각 선지가 해당 논증을 강화/약화하는지 묻는다.

'해당 선지가 강화/약화이려면 지문에 어떤 내용이 필요했을까'에 대한 답이 제시문에 있는지 확인하는 것이 중요하다. 이는 판단을 빠르고 명확하게 하고 매력적인 오답 선지에 휘둘리지 않게 도와준다.

경우에 따라 '㉠에 대한 평가로 적절한 것은?' 또는 '㉠에 대한 비판으로 적절한 것은?'과 같이 제시되기도 한다.

2 양립 가능한 것/불가능한 것 고르기

제시문과 선지가 동시에 참일 수 있는지 확인한다.

이 유형은 제시문에 있는 내용이지 사실 여부를 따지는 것이 아님에 주의해야 한다. 따라서 이럴 때에는 사고를 명확하게 하기 위해 철저하게 '양립이 가능한지 아닌지'만 판단하도록 한다. 무관한 진술 역시 양립 가능하므로 양립이 가능한 진술들을 중심으로 문제를 해결하기보다는 명확히 상충하여 양립이 불가능한 선지들을 중심으로 정답을 도출하는 것이 유리하다.

윤주쌤 TIP

※ 용어에 대한 정확한 이해가 필요하다.
- 강화: 해당 논증을 지지하거나 해당 논증에 부합하는 경우. 즉, 논증의 신뢰도를 올려주는 경우.
- 약화: 해당 논증을 비판하거나 해당 논증에 대한 반대 논거를 제시하는 경우. 즉, 논증의 신뢰도를 떨어뜨리는 경우.
- 양립 가능: 해당 논증의 신뢰도에 영향을 미치지 못하는 경우. 또는 새로운 논증을 추가하는 경우. 무관한 경우도 포함.

3 강화, 약화를 해결하는 방법

1 철저하게 묻는 것만 판단하자

만약 문제에서 '강화하는 진술인지'를 물었다면 '강화하는 진술인지 아닌지'만 생각하도록 하자. 문제에서 '강화하는지'를 묻고 있는데 혼자서 묻지 않은 '무관인지' 또는 '약화인지' 여부까지 판단하는 것을 경계해야 한다.

'강화하는 진술'을 '강화하는 진술'로 판단하는 것은 매우 빠르고 명확하게 이루어질 수 있다. 반면, '강화하지 않는 진술'에는 '무관한 진술'과 '약화하는 진술'이 혼재되어 있는데 굳이 이를 구분해가며 확인하는 것은 사고와 시간의 낭비를 초래한다. 그러므로 철저하게 문제의 질문에서 묻는 그대로만 판단하도록 한다.

문제에서 '강화하는지'를 물었다면 정말 있는 그대로 '강화하는지 그렇지 않은지'만을 생각하며 반대로 '약화하는지'를 물었다면 정말 있는 그대로 '약화하는지 그렇지 않은지'만을 생각하는 것이 가장 빠르다. '무관'을 고려 대상에서 제외하는 것이 핵심이다.

2 역질문 던지기!

만약 해당 선지가 글의 논증을 약화하는지를 묻는다면 '이 선지가 약화이려면 글에 어떤 내용이 있어야 하지?'라는 역질문을 던지도록 하자.

예를 들어 선지에서 논증을 약화하는지를 묻는다면 제시문에는 약화하는 근거가 있어야 한다. 그러나 주어진 제시문의 논증이나 근거에는 제시문을 약화하는 데 필요한 내용이 존재하지 않는다면 선지가 제시문을 약화하지는 않는 것이다.

3 연역논증와 귀납논증의 구별, 일상어로 쓰여진 글의 강화 약화는 일상어로!

논증 문제나 강화약화유형을 해결할 때 모든 문장을 기계적으로 기호화하지 않도록 유의하자. 예를 들어 'A이면 (언제나) B이다.'를 주장하는 것과 'A이면 B일 수 있다'를 주장하는 경우는 전혀 다른 차원의 문제이다.

구체적으로 '돈을 많이 벌면 행복해지기 쉽다'와 같이 확률적인 표현은 일상어로 표현된 것으로서 수험적인 수준에서는 기호화하기도 어려울 뿐만 아니라 해서도 곤란하다. 우리가 접하게 될 대부분의 논증 글은 말 그대로 일상어로 작성된 글이다.

따라서 일상어로 작성된 논증에 대한 평가 역시 일상어로 이루어지는 것이 자연스럽다.

MEMO

CHAPTER 02 2025 논증 신유형과 훈련문제

● 해설 92쪽

2025' 예시문항 14번

Q1 ㉠을 평가한 내용으로 적절한 것만을 〈보기〉에서 모두 고르면?

> 흔히 '일곱 빛깔 무지개'라는 말을 한다. 서로 다른 빛깔의 띠 일곱 개가 무지개를 이루고 있다는 뜻이다. 영어나 프랑스어를 비롯해 다른 자연언어들에도 이와 똑같은 표현이 있는데, 이는 해당 자연언어가 무지개의 색상에 대응하는 색채 어휘를 일곱 개씩 지녔기 때문이라고 할 수 있다.
> 언어학자 사피어와 그의 제자 워프는 여기서 어떤 영감을 얻었다. 그들은 서로 다른 언어를 쓰는 아메리카 원주민들에게 무지개의 띠가 몇 개냐고 물었다. 대답은 제각각 달랐다. 사피어와 워프는 이 설문 결과에 기대어, 사람들은 자신의 언어에 얽매인 채 세계를 경험한다고 판단했다. 이 판단으로부터, "우리는 모국어가 그어놓은 선에 따라 자연세계를 분단한다."라는 유명한 발언이 나왔다. 이에 따르면 특정 현상과 관련한 단어가 많을수록 해당 언어권의 화자들은 그 현상에 대해 심도 있게 경험하는 것이다. 언어가 의식을, 사고와 세계관을 결정한다는 이 견해는 ㉠사피어-워프 가설이라 불리며 언어학과 인지과학의 논란거리가 되어왔다.

〈보기〉

ㄱ. 눈[雪]을 가리키는 단어를 4개 지니고 있는 이누이트족이 1개 지니고 있는 영어 화자들보다 눈을 넓고 섬세하게 경험한다는 것은 ㉠을 강화한다.
ㄴ. 수를 세는 단어가 '하나', '둘', '많다' 3개뿐인 피라하족의 사람들이 세 개 이상의 대상을 모두 '많다'고 인식하는 것은 ㉠을 강화한다.
ㄷ. 색채 어휘가 적은 자연언어 화자들이 색채 어휘가 많은 자연언어 화자들에 비해 색채를 구별하는 능력이 뛰어나다는 것은 ㉠을 약화한다.

① ㄱ
② ㄱ, ㄴ
③ ㄴ, ㄷ
④ ㄱ, ㄴ, ㄷ

Q2 다음 대화를 분석한 내용으로 가장 적절한 것은?

2025' 예시문항 17번

> 갑: 전염병이 창궐했을 때 마스크를 착용하는 것은 당연한 일인데, 그것을 거부하는 사람이 있다니 도대체 이해가 안 돼.
> 을: 마스크 착용을 거부하는 사람들을 무조건 비난하지 말고 먼저 왜 그러는지 정확하게 이유를 파악하는 것이 필요해.
> 병: 그 사람들은 개인의 자유가 가장 존중받아야 하는 기본권이라고 생각하기 때문일 거야.
> 갑: 개인의 자유로운 선택이 타인의 생명을 위협한다면 기본권이라 하더라도 제한하는 것이 보편적 상식 아닐까?
> 병: 맞아. 개인이 모여 공동체를 이루는데 나의 자유만을 고집하면 결국 사회는 극단적 이기주의에 빠져 붕괴하고 말 거야.
> 을: 마스크를 쓰지 않는 행위를 윤리적 차원에서만 접근하지 말고, 문화적 차원에서도 고려할 필요가 있어. 어떤 사회에서는 얼굴을 가리는 것이 범죄자의 징표로 인식되기도 해.

① 화제에 대해 남들과 다른 측면에서 탐색하는 사람이 있다.
② 자신의 의견이 반박되자 질문을 던져 화제를 전환하는 사람이 있다.
③ 대화가 진행되면서 논점에 대한 찬반 입장이 바뀌는 사람이 있다.
④ 사례의 공통점을 종합하여 자신의 주장을 강화하는 사람이 있다.

Q3 다음 글에 대해 평가한 내용으로 가장 적절한 것은?

> 영국의 유명한 원형 석조물인 스톤헨지는 기원전 3,000년경 신석기시대에 세워졌다. 1960년대에 천문학자 호일이 스톤헨지가 일종의 연산장치라는 주장을 하였고, 이후 엔지니어인 톰은 태양과 달을 관찰하기 위한 정교한 기구라고 확신했다. 천문학자 호킨스는 스톤헨지의 모양이 태양과 달의 배열을 나타낸 것이라는 의견을 제시해 관심을 모았다.
>
> 그러나 고고학자 앳킨슨은 ㉠그들의 생각을 비난했다. 앳킨슨은 스톤헨지를 세운 사람들을 '야만인'으로 묘사하면서, ㉡이들은 호킨스의 주장과 달리 과학적 사고를 할 줄 모른다고 주장했다. 이에 호킨스를 옹호하는 학자들이 진화적 관점에서 앳킨슨을 비판하였다. ㉢이들은 신석기시대보다 훨씬 이전인 4만 년 전의 사람들도 신체적으로 우리와 동일했으며 지능 또한 우리보다 열등했다고 볼 근거가 없다고 주장했다.
>
> 하지만 스톤헨지의 건설자들이 포괄적인 의미에서 현대인과 같은 지능을 가졌다고 해도 과학적 사고와 기술적 지식을 가지지는 못했다. ㉣그들에게는 우리처럼 2,500년에 걸쳐 수학과 천문학의 지식이 보존되고 세대를 거쳐 전승되어 쌓인 방대하고 정교한 문자 기록이 없었다. 선사시대의 생각과 행동이 우리와 똑같은 식으로 전개되지 않았으리라는 점은 매우 중요하다. 지적 능력을 갖췄다고 해서 누구나 우리와 같은 동기와 관심, 개념적 틀을 가졌으리라고 생각하는 것은 잘못이다.

① 스톤헨지가 제사를 지내는 장소였다는 후대 기록이 발견되면 호킨스의 주장은 강화될 것이다.
② 스톤헨지 건설 당시의 사람들이 숫자를 사용하였다는 증거가 발견되면 호일의 주장은 약화될 것이다.
③ 스톤헨지의 유적지에서 수학과 과학에 관련된 신석기시대 기록물이 발견되면 글쓴이의 주장은 강화될 것이다.
④ 기원전 3,000년경 인류에게 천문학 지식이 있었다는 증거가 발견되면 앳킨슨의 주장은 약화될 것이다.

●해설 92쪽

01 다음 글의 결론으로 가장 적절한 것은?

이론 P에 따르면 복지란 다른 시민의 기본권을 침해하지 않는 한, 각 시민이 갖고 있는 현재의 선호들만 만족시키는 것이다. 현재 선호만을 만족시켜야 한다고 주장하는 근거는 크게 두 가지다. 첫째, 지금은 사라진 그 어떤 과거 선호들보다 현재의 선호가 더 강렬하다는 것이다. 둘째, 어떤 사람이 지금 선호하지 않는 것을 그에게 지금 제공하는 것은 그에게 만족의 기쁨을 주지 못한다는 사실이다. 만일 이 근거들이 약점을 갖고 있다면 우리는 이론 P를 받아들일 이유가 없다.

첫째 근거에 대해 이런 반론을 제기할 수 있다. 현재 선호와 과거 선호의 강렬함을 현재 시점에서 비교하는 것은 공정하지 않다. 시간에서 벗어나 둘을 비교한다면 현재의 선호보다 더 강렬했던 과거 선호가 있을 수 있다. 예컨대 10년 전 김 씨가 자신의 고향인 개성에 방문하기를 바랐던 것이 일생에서 가장 강렬한 선호였을 수 있다. 둘째 근거에 대해서는 이런 반론을 제기할 수 있다. 선호하는 시점과 만족하는 시점은 대부분의 경우 시간 차가 존재한다. 만일 사람들의 선호가 자주 바뀐다면 그들의 현재 선호가 그것이 만족되는 시점까지 지속하리라는 보장이 없다. 이것이 사실이라면 정부가 시민의 현재 선호를 만족시키려고 노력하는 것은 낭비를 낳는다. 이처럼 현재 선호만을 만족시켜야 한다는 주장을 뒷받침하는 근거들은 허점이 많다.

① 사람들의 선호는 시간이 지남에 따라 변하기 때문에 그의 현재 선호도 만족시킬 수 없다.
② 복지를 시민의 현재 선호를 만족시키는 것으로 보는 이론은 받아들이기 어렵다.
③ 어느 선호가 더 강렬한 선호인지를 결정하는 것은 중요하지 않다.
④ 복지 문제에서 과거 선호를 만족시키는 것도 중요하다.

문제 유형 분석표

발문 분석	
선지 분석 · 정답의 근거	
선지 분석 · 오답의 이유	

단권화를 위한 핵심 NOTE

02 다음 글의 입장을 강화하는 내용으로 가장 적절한 것은?

고대사회를 정의하는 기준 중의 하나로 '생계경제'가 사용되곤 한다. 생계경제 사회란 구성원들이 겨우 먹고 살 수 있는 정도의 식량만을 확보하고 있어서 식량 자원이 줄어들게 되면 자동적으로 구성원 전부를 먹여 살릴 수 없게 되고, 심하지 않은 가뭄이나 홍수 등의 자연재해에 의해서도 유지가 어렵게 될 수 있는 사회를 의미한다. 그러므로 고대사회에서의 삶은 근근히 버텨가는 것이고, 그 생활은 기아와의 끊임없는 투쟁이다. 왜냐하면 그 사회에서는 기술적인 결함과 그 이상의 문화적인 결함으로 인해 잉여 식량을 생산할 수 없기 때문이다.

고대사회에 대한 이러한 견해보다 더 뿌리 깊은 오해도 없다. 소위 생계경제의 성격을 지닌 것으로 간주되는 많은 고대사회들, 예를 들어 남아메리카에서는 종종 공동체의 연간 필요 소비량에 맞먹는 잉여 식량을 생산했다는 점에 주의를 기울일 필요가 있다. 기아와의 끊임없는 투쟁을 의미하는 생계경제가 고대사회를 특징짓는 개념이라면 오히려 프롤레타리아가 기아에 허덕이던 19세기 유럽 사회야말로 고대사회라고 할 수 있을 것이다. 사실상 생계경제라는 개념은 서구의 근대적인 이데올로기의 영역에 속하는 것으로 결코 과학적 개념도구가 아니다. 민족학을 위시한 근대 과학이 이토록 터무니없는 기만에 희생되어 왔다는 것은 역설적이며, 더군다나 산업 국가들이 이른바 저발전 세계에 대한 전략의 방향을 잡는 데 기여했다는 사실은 두렵기까지 하다.

① 고대사회가 경제적으로 풍요로웠던 것은 생계경제 체제 때문이었다.
② 산업사회로 이행하면서 경제적 잉여가 발생하였고 계급이 형성되었다.
③ 자연재해나 전쟁으로 인해 고대사회는 항상 불안정한 상황에 처해 있었다.
④ 고대사회에서 존재하였던 축제는 경제적인 잉여를 해소하는 기제로 작용했다.

문제 유형 분석표

발문 분석	
선지 분석 — 정답의 근거	
선지 분석 — 오답의 이유	

03 다음 글의 가설 A, B에 대한 평가로 가장 적절한 것은?

진화론에서는 인류 진화 계통의 초기인 약 700만 년 전에 인간에게 털이 거의 없어졌다고 보고 있다. 털이 없어진 이유에 대해서 학자들은 해부학적, 생리학적, 행태학적 정보들을 이용하는 한편 다양한 상상력까지 동원해서 이와 관련된 진화론적 시나리오들을 제안해 왔다.

가설 A는 단순하게 고안되어 1970년대 당시 많은 사람들이 고개를 끄덕였던 설명으로, 현대적 인간의 출현을 무자비한 폭력과 투쟁의 산물로 설명하던 당시의 모든 가설을 대체할 수 있을 정도로 매력적으로 보였다. 이 가설에 따르면 인간은 진화 초기에 수상생활을 시작하였다. 인간 선조들은 수영을 하고 물속에서 아기를 키우는 등 즐거운 활동을 하기 위해서 수상생활을 하였다. 오랜 물속 생활로 인해 고대 초기 인류들은 몸의 털이 거의 없어졌다. 그 대신 피부 아래에 지방층이 생겨났다.

그 이후 나타난 가설 B는 인간의 피부에 털이 없으면 털에 사는 기생충들이 감염시키는 질병이 줄어들기 때문에 생존과 생식에 유리하다고 주장하였다. 털은 따뜻하여 이나 벼룩처럼 질병을 일으키는 체외 기생충들이 살기에 적당하기 때문에 신체에 털이 없으면 그러한 병원체들이 자리 잡기 어렵다는 것이다. 이 가설에 따르면 인간이 자신을 더 효과적으로 보호할 수 있는 의복이나 다른 수단들을 활용할 수 있었을 때 비로소 털이 없어지는 진화가 가능하다. 옷이 기생충에 감염되면 벗어서 씻어 내면 간단한데, 굳이 영구적인 털로 몸을 덮을 필요가 있겠는가?

① 인간 선조들의 화석이 고대 호수 근처에서 가장 많이 발견 되었다는 사실은 가설 A를 약화한다.
② 털 없는 신체나 피하 지방 같은 현대 인류의 해부학적 특징들은 고래나 돌고래 같은 수생 포유류들도 가지고 있다는 사실은 가설 A를 약화한다.
③ 호수나 강에는 인간의 생존을 위협하는 수인성 바이러스가 광범위하게 퍼져 있었으며 인간의 피부에 그에 대한 방어력이 없다는 사실은 가설 A를 약화한다.
④ 열대 아프리카 지역에서 고대로부터 내려온 전통 생활을 유지하고 있는 주민들이 옷을 거의 입지 않는다는 사실은 가설 B를 강화한다.

문제 유형 분석표

발문 분석	
선지 분석 — 정답의 근거	
선지 분석 — 오답의 이유	

04 다음 A~C의 주장에 대한 평가로 적절한 것만을 〈보기〉에서 모두 고르면?

> A: 정당에 대한 충성도와 공헌도를 공직자 임용 기준으로 삼아야 한다. 이는 전쟁에서 전리품은 승자에게 속한다는 국제법의 규정에 비유할 수 있다. 즉 주기적으로 실시되는 대통령 선거에서 승리한 정당이 공직자 임용의 권한을 가져야 한다. 이러한 임용 방식은 공무원에 대한 정치 지도자의 지배력을 강화시켜 지도자가 구상한 정책 실현을 용이하게 할 수 있다.
> B: 공직자 임용 기준은 개인의 능력·자격·적성에 두어야 하며 공개경쟁 시험을 통해 공무원을 선발하는 것이 좋다. 그러면 신규 채용 과정에서 공개와 경쟁의 원칙이 준수되기 때문에 정실 개입의 여지가 줄어든다. 공개경쟁 시험은 무엇보다 공직자 임용에서 기회균등을 보장하여 우수한 인재를 임용함으로써 행정의 능률을 높일 수 있고 공무원의 정치적 중립을 통하여 행정의 공정성이 확보될 수 있다는 장점을 가지고 있다. 또한 공무원의 신분보장으로 행정의 연속성과 작업적 안정성도 강화될 수 있다.
> C: 사회를 구성하는 모든 지역 및 계층으로부터 인구 비례에 따라 공무원을 선발하고, 그들을 정부 조직 내의 각 직급에 비례적으로 배치함으로써 정부 조직이 사회의 모든 지역과 계층에 가능한 한 공평하게 대응하도록 구성되어야 한다. 공무원들은 가치중립적인 존재가 아니다. 그들은 자신의 출신 집단의 영향을 받은 가치관과 신념을 가지고 정책 결정과 정책 집행에 깊숙이 개입하고 있으며, 이 과정에서 자신의 견해나 가치를 반영하고자 노력한다.

―〈보기〉―
ㄱ. 공직자 임용의 정치적 중립성을 보장할 필요성이 대두된다면, A의 주장은 설득력을 얻는다.
ㄴ. 공직자 임용과정의 공정성을 높일 필요성이 부각된다면, B의 주장은 설득력을 얻는다.
ㄷ. 인구의 절반을 차지하는 비수도권 출신 공무원의 비율이 1/4에 그쳐 지역 편향성을 완화할 필요성이 제기된다면, C의 주장은 설득력을 얻는다.

① ㄱ   ② ㄴ   ③ ㄷ   ④ ㄴ, ㄷ

문제 유형 분석표

발문 분석	
선지 분석	정답의 근거
	오답의 이유

05 다음 글의 결론을 지지하지 않는 것은?

지구와 태양 사이의 거리와 지구가 태양 주위를 도는 방식은 인간의 생존에 유리한 여러 특징을 지니고 있다. 인간을 비롯한 생명이 생존하려면 행성은 액체 상태의 물을 포함하면서 너무 뜨겁거나 차갑지 않아야 한다. 이를 위해 행성은 태양과 같은 별에서 적당히 떨어져 있어야 한다. 이 적당한 영역을 '골디락스 영역'이라고 한다. 또한 지구가 태양의 중력장 주위를 도는 타원 궤도는 충분히 원에 가깝다. 따라서 연중 태양에서 오는 열에너지가 비교적 일정하게 유지될 수 있다. 만약 태양과의 거리가 일정하지 않았다면 지구는 여름에는 바다가 모두 끓어 넘치고 겨울에는 거대한 얼음덩어리가 되는 불모의 행성이었을 것이다.

우리 우주에 작용하는 근본적인 힘의 세기나 물리법칙도 인간을 비롯한 생명의 탄생에 유리하도록 미세하게 조정되어 있다. 예를 들어 근본적인 힘인 강한 핵력이나 전기력의 크기가 현재 값에서 조금만 달랐다면, 별의 내부에서 탄소처럼 무거운 원소는 만들어질 수 없었고 행성도 만들어질 수 없었을 것이다. 최근 들어 물리학자들은 이들 힘을 지배하는 법칙이 현재와 다르다면 우주는 구체적으로 어떤 모습이 될지 컴퓨터 모형으로 계산했다. 그 결과를 보면 강한 핵력의 강도가 겨우 0.5% 다르거나 전기력의 강도가 겨우 4% 다를 경우에도 탄소나 산소는 우주에서 합성되지 않는다. 따라서 생명 탄생의 가능성도 사라진다. 결국 강한 핵력이나 전기력을 지배하는 법칙들을 조금이라도 건드리면 우리가 존재할 가능성은 사라지는 것이다.

결론적으로 지구 주위 환경뿐만 아니라 보편적으로 자연법칙까지도 인류와 같은 생명이 진화해 살아가기에 알맞은 범위 안에 제한되어 있다고 할 수 있다. 만일 그러한 제한이 없었다면 태양계나 지구가 탄생할 수 없었을 뿐만 아니라 생명 또한 진화할 수 없었을 것이다. 우리가 아는 행성이나 생명이 탄생할 가능성을 열어두면서 물리법칙을 변경할 수 있는 폭은 매우 좁다.

① 탄소가 없는 상황에서도 생명은 자연적으로 진화할 수 있다.
② 중력법칙이 현재와 조금만 달라도 지구는 태양으로 빨려 들어간다.
③ 원자핵의 질량이 현재보다 조금 더 크다면 우리 몸을 이루는 원소는 합성되지 않는다.
④ 별 주위의 '골디락스 영역'에 행성이 위치할 확률은 매우 낮지만 지구는 그 영역에 위치한다.

문제 유형 분석표

발문 분석	
선지 분석	정답의 근거
	오답의 이유

06 다음 글의 〈가설〉을 강화하는 사례가 아닌 것만을 〈보기〉에서 모두 고르면?

성염색체만이 개체의 성(性)을 결정하는 요소는 아니다. 일부 파충류의 경우에는 알이 부화되는 동안의 주변 온도에 의해 개체의 성이 결정된다. 예를 들어, 낮은 온도에서는 일부 종은 수컷으로만 발달하고, 일부 종은 암컷으로만 발달한다. 또 어떤 종에서는 낮은 온도와 높은 온도에서 모든 개체가 암컷으로만 발달하는 경우도 있다. 그 사이의 온도에서는 특정 온도에 가까워질수록 수컷으로 발달하는 개체의 비율이 증가하다가 결국 그 특정 온도에 이르러서는 모든 개체가 수컷으로 발달하기도 한다.

다음은 온도와 성 결정 간의 상관관계를 설명하기 위해 제시된 가설이다.

〈가 설〉

파충류의 성 결정은 물질 B를 필요로 한다. 물질 B는 단백질 '가'에 의해 물질 A로, 단백질 '나'에 의해 물질 C로 바뀐다. 이때 물질 A와 물질 C의 비율은 단백질 '가'와 단백질 '나'의 비율과 동일하다. 파충류의 알은 단백질 '가'와 '나' 모두를 가지고 있지만 온도에 따라 각각의 양이 달라진다. 암컷을 생산하는 온도에서 배양된 알에서는 물질 A의 농도가 더 높고, 수컷을 생산하는 온도에서 배양된 알에서는 물질 C의 농도가 더 높다. 온도의 차에 의해 알의 내부에 물질 A와 C의 상대적 농도 차이가 발생하고, 이것이 파충류의 성을 결정하는 것이다.

〈보기〉

ㄱ. 수컷만 생산하는 온도에서 부화되고 있는 알은 단백질 '가'보다 훨씬 많은 양의 단백질 '나'를 가지고 있다.

ㄴ. 물질 B의 농도는 수컷만 생산하는 온도에서 부화되고 있는 알보다 암컷만 생산하는 온도에서 부화되고 있는 알에서 더 높다.

ㄷ. 수컷만 생산하는 온도에서 부화되고 있는 알에 고농도의 물질 A를 투여하여 물질 C보다 그 농도를 높였더니 암컷이 생산되었다.

① ㄱ   ② ㄴ   ③ ㄷ   ④ ㄱ, ㄷ

문제 유형 분석표

발문 분석	
선지 분석	정답의 근거
	오답의 이유

07 다음 논증에 대한 평가로 적절한 것만을 〈보기〉에서 모두 고르면?

집단 내지 국가의 청렴도를 평가하는 잣대로 종종 공공 물품을 사적으로 사용하는 정도가 활용된다. 이와 관련하여 M시의 경우 회사원들이 사내용 물품을 개인적인 용도로 사용하는 정도가 꽤 높은 것으로 밝혀졌다. 이는 M시의 대표적 회사 A에서 직원 200명을 대상으로 회사물품을 사적인 용도로 사용한 적이 있는지 설문조사해 본 결과에 따른 것이다. 조사 결과 '늘 그랬다'는 직원은 5%, '종종 그랬다'는 직원은 15%, '가끔 그랬다'는 직원은 35%, '어쩌다 한두 번 그랬다'는 직원은 10%, 응답을 거부한 직원은 10%였다. 설문조사에 응한 직원들 중에서 가끔이라도 사용한 적이 있다고 답한 직원의 비율이 절반을 넘었다. 따라서 M시의 회사원들은 낮은 청렴도를 가졌다고 평가할 수 있다.

〈보기〉

ㄱ. 설문조사에 응한 회사 A의 직원들 중 회사물품에 대한 사적 사용 정도를 실제보다 축소하여 답한 직원들이 많다는 사실은 위 논증의 결론을 강화한다.
ㄴ. M시에 있는 또 다른 대표적 회사 B에서 동일한 설문조사를 했는데 회사 A에서와 비슷한 결과가 나왔다는 사실은 위 논증의 결론을 강화한다.
ㄷ. M시에 있는 대부분의 회사들에 비해 A의 직원들이 회사물품을 사적으로 사용한 정도가 심했던 것으로 밝혀졌다는 사실은 위 논증의 결론을 약화한다.

① ㄱ
② ㄷ
③ ㄱ, ㄴ
④ ㄱ, ㄴ, ㄷ

 문제 유형 분석표

발문 분석	
선지 분석	정답의 근거
	오답의 이유

Part 02
Part 02

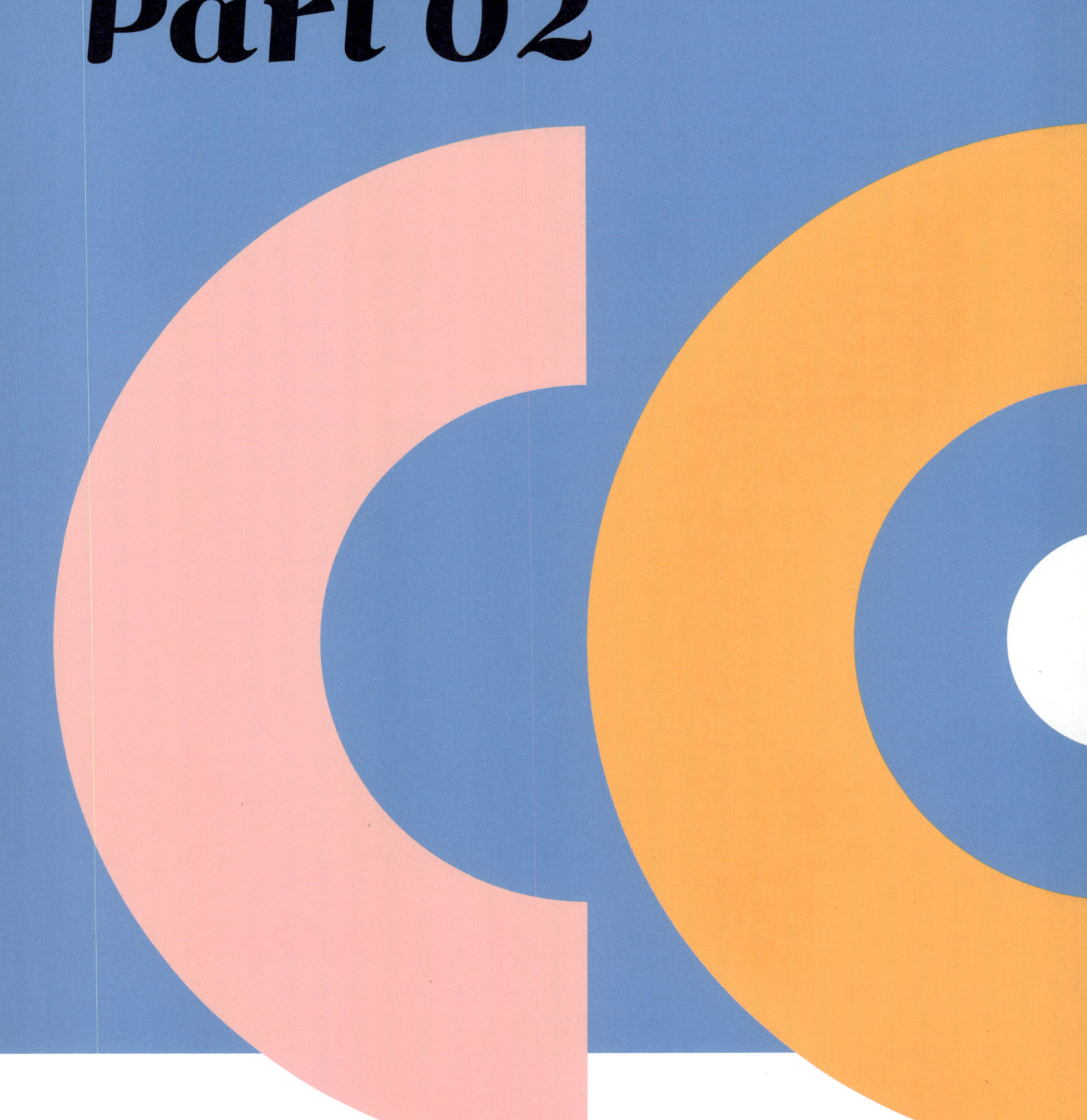

논리

CHAPTER 01 명제
CHAPTER 02 추론
CHAPTER 03 2025 논리 신유형과 훈련문제

2025

윤주국어
논리&논증의 여왕

CHAPTER 01 명제

1 논리의 개념

1 논리란 무엇인가?

논리란 이야기의 이치를 뜻한다. 예를 들면 어떤 근거를 바탕으로 하여 결론을 이끌어 낸다고 할 때, 그 근거와 결론을 어떻게 연결할 것인지에 관한 방식이다.

2 형식이 중요해

논리는 어떠한 이치를 따라 이야기를 진행할 것인지를 나타낸 형식이다. 따라서 이야기의 내용 자체는 중요하지 않다.

예를 들어 'A이면 B이다'와 'A이다'가 옳다면 'B이다'도 무조건 옳다고 말할 수 있다. 이때 A와 B에는 어떤 내용이 들어가더라도 상관이 없다. '생물은 언젠가 죽는다' 혹은 '땅거북은 용궁에 갈 수 없다'와 같이 무엇이든 된다. 만약 '땅거북은 용궁에 갈 수 없다'가 올바른 문장이고 '윤주는 땅거북이다'가 올바르다면, '윤주는 용궁에 갈 수 없다'도 올바른 문장이다.

2 명제의 개념

1 명제란 무엇인가?

논리의 기본적 단위는 명제이다. 'ㅇㅇ은(는) △△이다.'처럼 주어와 술어를 갖춘 문장(또는 그 문장이 나타내는 내용)을 명제라고 부른다.

'이번 주 토요일은 운동회 날이다.', '3번 길에는 미용실이 네 군데 있다.' 등이 모두 명제이다.

단순하게 문장을 명제라고 봐도 되지만 여기서 주의할 것은 문장이 아닌 것, 의문문이나 명령문은 명제라고 하지 않는다.

'여우는 육식 동물인가?' 등은 명제가 아니라는 뜻이다.

2 참인가 거짓인가?

명제는 참(진짜이고, 올바른)인지 거짓(사실과 다르고, 틀린)인지 판단할 수 있다.

예를 들어 '한국의 수도는 서울이다.'라는 명제는 참이다. '브라질의 수도는 상파울루다.'라는 명제는 거짓이다(정답은 브라질리아). '나폴레옹은 위궤양이었다.'라는 명제는 지금에 와서는 직접 확인할 수 없다고 하더라도 참과 거짓 중 하나라고는 말할 수 있다.

의문문이나 명령문은 참인지 거짓인지 판단할 수 없기 때문에 명제가 아니다.

≪안드로이드는 전기양의 꿈을 꾸는가?(Do Androids dream of electric sheep?)≫라는 의문문은 그렇다거나 그렇지 않다고 말할 수 없는, 참과 거짓임이 불문명한 사실이다.

훈련문제

※ 다음 문장이 명제라면 O, 아니라면 X 표를 하세요. (01~10)

01 한라산의 해발은 1,950m이다. ( )

02 대한민국의 수도는 부산이다. ( )

03 기분이 어떠신가요? ( )

04 KTX는 용산역에 정차하지 않는다. ( )

05 조금만 더 힘내! ( )

06 수의학부가 있는 대학은 의학부가 있는 대학보다 그 수가 적다. ( )

07 올림픽은 4년에 한 번 열린다. ( )

08 홍차와 우롱차는 같은 찻잎을 사용하지만, 산화 정도가 다르다. ( )

09 태풍에는 발생한 순서에 따라 번호가 붙는다. ( )

10 철수는 런던에 거주한 적이 있다. ( )

3 부정의 개념

1 부정이란 무엇인가?

　부정과 같은 기본적인 개념일수록 확실히 알아야 한다. 여기서는 어떤 주장을 부인하는 것, 즉 술어에 '~가 아니다(~지 않다)'를 붙인 부정 형태로 기억을 해야 한다.
　어떤 명제를 부정하면 원래 명제와는 참과 거짓이 반전된다. 예를 들면 참인 명제 '대한민국의 수도는 서울이다.'를 부정한 '대한민국의 수도는 서울이 아니다.'는 거짓이다.

2 부정은 반대가 아니다

　부정을 생각할 때 한 가지 주의해야 할 것이 바로 부정과 반대는 다르다는 사실이다. 예를 들어 '좋다'의 반대는 '싫다'이지만 '좋다'의 부정은 '싫다'가 아니다. '좋다'의 부정은 '좋아하지 않는다', 즉 '좋다'를 제외한 모든 가능성을 포함한다.
　여기에는 당연히 '싫다'도 포함되지만 '좋지도 싫지도 않은' 상태 역시 포함된다는 사실을 잊어서는 안 된다. 마찬가지로 '승리'의 반대는 '패배'이지만 '승리'의 부정이 '패배'가 아니다. '승리가 아닌 상황' 중에는 '무승부'도 있다. 이런 식으로 반대의 의미를 나타내는 단어가 있는 단어를 부정할 때에는 주의해야 한다.

3 '해야 한다'의 부정

　'해야 한다'와 같은 단어를 부정할 때에도 '좋다'를 부정할 때와 마찬가지로 주의가 필요하다.
　틀리지 않으려면 먼저 '~는 것은 아니다.'라는 문장을 끝에 붙여 보자. '채소를 먹어야 하는 것은 아니다'가 될 것이다. 이렇게 만들어 보면 '채소를 먹어야 하는 것은 아니다.'라는 반대 의미뿐만 아니라 '채소를 먹어도, 먹지 않아도 된다.'라는 상태도 존재할 수 있다는 사실을 알게 된다. '식사 도중에 TV를 보면 안 되는 것은 아니다.'라는 문장도 마찬가지이다. '식사 도중에 TV를 보아도 되고 보지 않아도 된다.'라는 상황이 존재할 수 있다. '좋다'의 부정이 '싫다'만 있는 것이 아니듯이 '~해야 한다'의 부정도 '~하면 안 된다'뿐만이 아니다.

● 해설 96쪽

※ 다음 주장을 부정하는 문장을 만들어 보시오. (01~04)

01 민수는 뉴욕에 간 적이 있다.

02 윤주는 서울에 살지 않는다.

03 혜리는 라면에 항상 마늘을 넣는다.

04 도준은 파스타에 치즈를 지나치게 많이 뿌린다.

4 명제의 종류

1 명제의 종류

(1) 연언명제
두 개 이상의 명제들이 '~(이)고', '그리고' 등의 형태로 연결되어 있는 명제
- 기호 : P∧Q
- P(이)고, Q이다.

(2) 선언명제
두 개 이상의 명제들이 '(이)거나', '또는' 등의 형태로 연결되어 있는 명제
- 기호 : P∨Q
- P(이)거나, Q이다.

(3) 조건명제
가정이나 조건으로 표현되는 명제
- 기호: P → Q
- P이면, Q이다.
- 전건(P)을 충분조건이라 하고, 후건(Q)을 필요조건이라 한다.
- 명제의 역, 이, 대우에 따라 참과 거짓이 달라진다.

(4) 부정명제
원래 명제와 반대가 되는 명제
- 기호: ~P
- P(이)가 아니다.

연언명제 및 선언명제의 부정: 드모르간의 법칙

연언명제	~(P and Q) = ~P or ~Q
선언명제	~(P or Q) = ~P and ~Q

연언의 부정은 부정의 선언이 되며 선언의 부정은 부정의 연언이 된다. 이 법칙을 처음 발견한 수학자의 이름을 따서 드모르간의 법칙이라고 부른다.

(5) 복합명제의 진리값

단순명제는 그 자체로서 참이거나 거짓이다.

하지만 복합명제가 참인지 거짓인지의 여부는, 그것을 구성하고 있는 단순명제들의 참, 거짓 여부와 복합명제에 사용된 논리적 연결사에 의해 결정된다. 각각의 복합명제의 진리값이 결정되는 방식은 다음과 같다.

① 연언명제의 진리값

연언명제 'p∧q'의 진리값은 다음과 같이 결정된다.

> 1. p가 참이고 q가 참일 때, 연언명제 'p∧q'역시 참이 된다.
> 2. p나 q 중 하나가 거짓이거나, 둘 다 거짓일 때, 연언명제 'p∧q'는 거짓이 된다.
> 3. 교환법칙이 성립한다. 즉 'p∧q'의 진리값과 'q∧p'의 진리값은 항상 일치한다.

예를 들어, "K씨는 공무원이면서 동시에 환경 운동가이다."라는 복합명제는 "K씨가 공무원이다."라는 명제와 "K씨가 환경 운동가이다."라는 명제가 둘 다 참일 때만 참이다.

만약 둘 중 하나가 거짓이거나, 둘 다 거짓인 경우로 판명된다면, 주어진 연언명제는 거짓이다.

그리고 "K씨는 공무원이면서 동시에 환경 운동가이다."라는 명제의 진리값은 "K씨는 환경 운동가이면서 동시에 공무원이다."라는 명제의 진리값과 항상 일치한다. 이렇게 두 명제의 진리값이 항상 일치할 때, 우리는 두 명제가 '논리적으로 동등하다.'라고 한다.

② 선언명제의 진리값

선언명제 'p∨q'의 진리값은 다음과 같이 결정된다.

> 1. p와 q 둘 중 하나가 참이거나, 둘 다 참일 때, 선언명제 'p∨q'는 참이 된다.
> 2. p와 q 둘 다 거짓일 때, 선언명제 'p∨q'는 거짓이 된다.
> 3. 교환법칙이 성립한다. 즉, 'p∨q'의 진리값과 'q∨p'의 진리값은 항상 일치한다.

예를 들어, "기린은 척추가 있거나 척추가 없다."는 "(기린은 척추가 있다.)∨(기린은 척추가 없다.)"로 분석될 수 있고, 이 경우 앞쪽 선언지가 참이기 때문에, 뒤쪽 선언지가 거짓임에도 불구하고, 전체 선언명제는 참이 된다.

한편, "태평양은 강이거나 호수이다."라는 복합 명제는 두 선언지가 모두 거짓이기 때문에 거짓이 된다.

③ 조건 명제의 진리값

조건명제 p→q의 진리값은 다음과 같이 결정된다.

1. p가 참이고 q가 거짓인 경우에만 'p→q'가 거짓이 되고, 나머지 경우에는 참이 된다.
2. 교환법칙이 성립하지 않는다. 즉, 'p→q'의 진리값과 'q→p'의 진리값은 일반적으로 다르다.

④ 부정명제의 진리값

부정명제 ~p의 진리값은 p의 진리값과 반대이다.
즉, p가 참이면 ~p는 거짓이 되고, p가 거짓이면 ~p는 참이 된다.

앞의 상황을 종합하면, 복합명제의 진리값이 결정되는 방식을 다음과 같은 표로 만들 수 있다.

[복합명제의 진리표]

p	q	p∧q	p∨q	p→q
T	T	T	T	T
T	F	F	T	F
F	T	F	T	T
F	F	F	F	T

수험생들이 이 표를 다 외울 필요는 없다.
하지만 각 복합명제의 특징적인 진리값은 기억해주면 도움이 되는데, 각 복합명제의 특징적인 진리값은 위의 표에서 색으로 표시된 영역이다.
즉, "연언명제는 단순명제가 모두 참일 때만 참이고, 선언명제는 단순명제들이 모두 거짓일 때만 거짓이며, 조건명제는 전건이 참이고 후건이 거짓인 경우에만 거짓이다."라는 식으로 정리하면 되겠다.

2 정언명제

(1) 정의
어떠한 대상이나 상태에 대하여 단언적으로 표현된 명제

(2) 구성요소
- **양화사:** '모든', '어떤'과 같이 양을 결정하는 것
- **주명사:** 문장의 주어와 같은 의미
- **술명사:** 술어의 대상의 되는 것
- **연결사:** '~이다', '~아니다'와 같이 긍정이나 부정을 나타내는 것

(3) 양화사
양화사가 '어떤'인 경우 모두 그런 것인지는 알 수 없지만 일부가 그런 것은 확실하다는 것을 의미한다.

(4) 정언명제를 벤다이어그램으로 표현하기
정언명제가 주장하는 바는 벤다이어그램으로 나타낼 수 있다. 벤다이어그램으로 정언명제를 표현하는 방법을 학습해두면, 뒤에 나올 논증의 타당성 평가에서 유용하게 사용할 수 있기 때문에 확실히 이해해 두어야 한다. 벤다이어그램을 그리는 기본적인 원칙은 다음의 두 가지이다.

첫째, 주어진 영역에 대상이 존재하지 않을 때, 아래 그림과 같이 그 영역을 지운다.

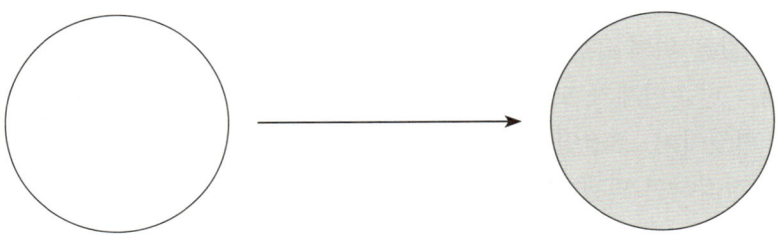

둘째, 주어진 영역이 대상에 존재할 때, 아래 그림과 같이 그 영역에 별표를 한다.

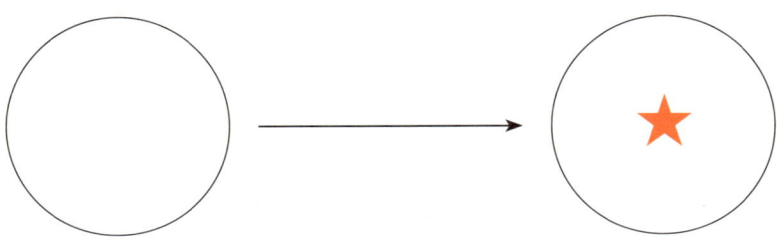

셋째, 두 개 이상의 벤다이어그램이 겹칠 때, 나눠진 두 구역 중 어디에 대상이 존재하는지 명확하지 않으면, 두 영역의 경계에 별표를 한다. 두 개의 원이 겹쳐서 세 개의 구역을 만드는 경우, 대상이 왼쪽 구역과 중간 구역 중 어디에 존재하는지, 주어진 정보만으로는 확인할 수 없을 때, 아래 그림과 같이 그 경계에 별표를 표시한다.

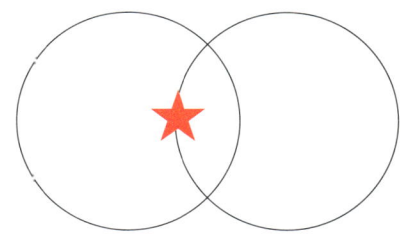

이러한 기법을 바탕으로, 각 정언명제들이 벤다이어그램으로 표현되는 방식을 살펴보자.

① **전칭긍정명제 : 모든 S는 P이다.**

이 경우 주어진 속성은 S와 P 두 가지이므로, 두 개의 원이 겹쳐지도록 아래와 같이 그린다.

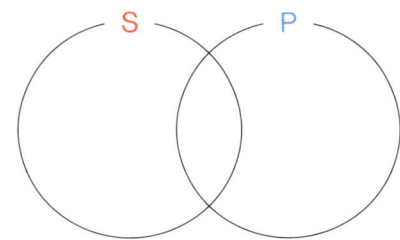

이 때, S의 속성을 같은 모든 것은 P의 속성도 함께 가진다는 것은 S의 속성을 갖는 것들 중에서 P의 속성을 갖지 않는 것은 없다는 뜻이므로, S에는 속하지만 P에는 속하지 않는 영역을 다음과 같이 지워주면 된다.

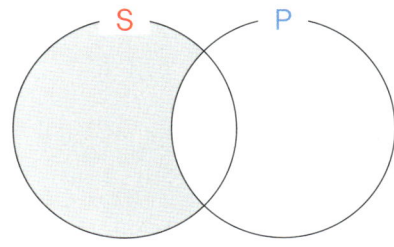

② **전칭부정명제: 모든 S는 P가 아니다.**

이 경우, S의 속성을 갖는 모든 것은 P의 속성을 갖지 않으므로, S의 영역 중에서 P의 영역과 겹치는 부분을 다음과 같이 지워주면 된다.

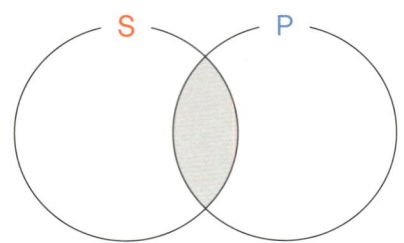

③ **특칭긍정명제: 어떤 S는 P이다.**

이 경우, S의 속성을 갖는 것들 중에서 P의 속성을 동시에 가지는 것들이 존재하므로, S의 영역 중에서 P의 영역과 겹치는 부분에 다음과 같이 별표를 해주면 된다.

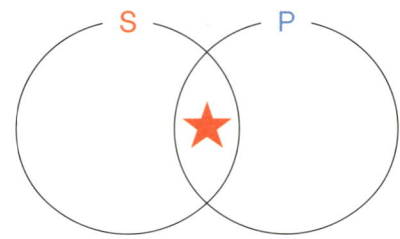

④ **특칭부정명제 : 어떤 S는 P가 아니다.**

이 경우, S의 영역에는 포함되지만 P의 영역에는 포함되지 않는 대상이 존재하므로, S의 영역 중에서 P와 겹치지 않는 부분에 다음과 같이 별표를 해주면 된다.

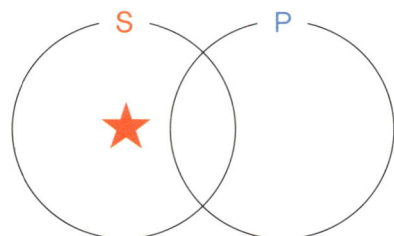

(5) 일상언어를 정언명제로 번역하기

일상언어를 정언명제로 번역하기 위해서는 다음과 같은 몇 가지 규칙들을 염두에 두어야 한다.

① 양화사가 명확하게 드러나지 않는 일상언어는 '모든'으로 번역한다.

공무원 수험생들은 공부를 열심히 한다.
⇒ 모든 공무원 수험생들은 공부를 열심히 한다.
한국인들은 겸손하다. ⇒ 모든 한국인들은 겸손하다.

② "있다." 또는 "존재한다."라는 술어는 특칭명제로 번역한다.

이때 해당 술어의 주어가 특칭명제의 주어가 된다.
겸손하지 않은 한국 사람들이 있다. ⇒ 어떤 한국인들은 겸손하지 않다.
동물을 잡아먹는 식물이 존재한다. ⇒ 어떤 식물은 동물을 잡아먹는다.

③ "오직 A만이 B이다."라는 형식의 문장은 "모든 B는 A이다."로 번역한다.

오직 신만이 미래를 알 수 있다. ⇒ 모든 미래를 알 수 있는 존재는 신이다.
한국인만이 그 법의 적용을 받는다. ⇒
그 법의 적용을 받는 모든 사람들은 한국인이다.

3 조건 명제

(1) 정의
조건명제는 명제의 표현방식이 어떠한 가정이나 조건의 형태로 이루어져 있는 명제를 말한다.

(2) 문제 유형
조건명제에서는 명제의 역, 이, 대우를 이용하여 참과 거짓을 판별해야 하는 문제가 다수 출제된다.

(3) 명제의 역, 이, 대우

기본명제 P → Q P이면 Q이다.	역: Q → P	Q이면 P이다
	이: ~P → ~Q	P가 아니면 Q가 아니다
	대우: ~Q → ~P	Q가 아니면 P가 아니다

① 역(Q → P)

기본명제(P → Q)가 참이더라도 그 명제의 역은 참인지 거짓인지 알 수 없다. 즉, 기본명제가 참 혹은 거짓이라는 이유로 그 역도 반드시 참이 되거나 거짓이 되는 것이 아니다.

② 이(~P → ~Q)

'역'과 마찬가지로 기본명제가 참이더라도 그 명제의 이는 참인지 거짓인지 알 수 없다.

③ 대우(~Q → ~P)

기본명제가 참이라면 그 명제의 대우 역시 반드시 참이고, 기본명제가 거짓이면 그 명제의 대우 역시 반드시 거짓이다. 즉, 기본명제의 참, 거짓과 일치하는 것은 그 명제의 대우뿐이다.

(4) 필요조건 & 충분조건 & 필요충분조건
어떤 조건명제 'p→q'가 있다고 가정해 보자.

이때 우리는 'p는 q를 위한 충분조건'이라고 하고, 'q는 p를 위한 필요조건'이라고 한다.

여기서 '필요'와 '충분'이라는 표현은 우리의 일상적인 표현에서 가져온 것이므로, 새삼스러운 것이 아니다.

예를 들어 "나무는 식물이다."라는 일상적인 명제를 살펴보자. 이 명제는 조건명제로서, 다음과 같이 분석될 수 있다.

"어떤 물체가 나무이면, 그 물체는 식물이다."

여기서 전건은 "어떤 물체가 나무이다."이고, 후건은 "그 물체는 식물이다."이다.
이때 우리는 어떤 물체가 식물이기 위해서 그것이 꼭 나무일 필요가 없다는 것을 알고 있다. 따라서 필요조건은 아니다. 나무가 아닌 풀도 식물이다.
하지만, 그 물체가 나무이기만 하면, 다른 조건이 없어도 그 물체는 식물임을 알 수 있다. 따라서 전건은 후건을 위한 '충분조건'이다.

한편, 전건이 후건의 충분조건이면서 동시에 후건이 전건의 필요조건인 경우, 우리는 전건과 후건을 서로를 위한 '필요충분조건'이라고 한다. 예를 들어, "짝수는 2로 나누어지는 숫자이다."라는 명제를 살펴보자. 이 문장 역시 조건문장의 형식으로 다음과 같이 표현될 수 있다.

"어떤 수가 짝수라면, 그 수는 2로 나누어진다."

따라서 두 명제 "어떤 수가 짝수이다."와 "어떤 수가 2로 나누어진다."가 있을 때, 전자는 후자를 위한 충분조건이고, 후자는 전자를 위한 필요조건이다. 한편, 위의 조건문장은 다음과 같이 표현되어도 여전히 참이다.

윤주쌤 TIP

'X가 사람임'은 'X가 동물임'을 위한 충분조건일까? 필요조건일까?
두 개념 '사람'과 '동물'을 우리가 상식적으로 이해하는 바에 의하면 다음의 테스트 문장이 성립한다.
 "X가 사람인 것은 X가 동물이기 위해 충분하다."
그러나 다음의 테스트문장은 성립하지 않는다.
 "X가 사람인 것은 X가 동물이기 위해서 꼭 필요하다."
따라서 'X가 사람임'은 'X가 동물임'을 위한 충분조건이며, 필요조건은 아니다. 그리고 이를 기호로 표현하면, 다음과 같다.
 X가 사람임 → X가 동물임

 단권화를 위한 **핵심 NOTE**

 명제, 역, 이, 대우를 이해하려면 그림을 그려서, 집합의 포함관계로 이해할 수 있다.

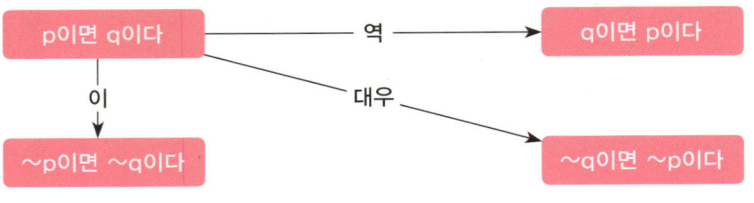

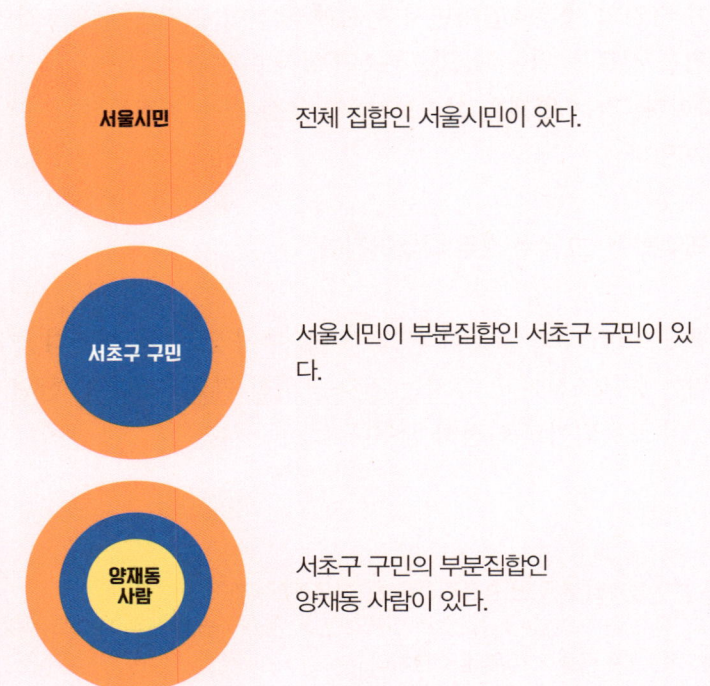

전체 집합인 서울시민이 있다.

서울시민이 부분집합인 서초구 구민이 있다.

서초구 구민의 부분집합인 양재동 사람이 있다.

명제가 참이라고 해서 역이 반드시 참이 되지는 않는다.

모든 것은 명제가 참이라는 전제 하에서 논리를 따진다.

(1) 명제: 양재동 사람이면 서초구 구민이다.
    양재동 사람이면 서초구 구민에 포함되니까 명제는 참이다.

(2) 역: 서초구 구민이면 양재동 사람이다.
    그림에서 보듯이, 서초구 구민이라도 양재동 사람이 아닌 자들이 있다.

> 명제가 참이라고 해서 이가 반드시 참이 되지는 않는다.

모든 것은 명제가 참이라는 전제 하에서 논리를 따진다.

(1) 명제: 양재동 사람이면 서초구 구민이다.
　　　　양재동 사람이면 서초구 구민에 포함되니까 명제는 참이다.

(2) 대우: 서초구 구민이 아니면 양재동 사람이 아니다.
　　　　그림에서 보듯이 너무나 당연한 사실이다. 서초구 구민이 아니라면 파란색 공 바깥 영역이니까 당연히 양재동 사람이 아니다.

> 명제가 참이면 대우는 반드시 참이 된다.

모든 것은 명제가 참이라는 전제 하에서 논리를 따진다.

(1) 명제: 양재동 사람이면 서초구 구민이다.
　　　　양재동 사람이면 서초구 구민에 포함되니까 명제는 참이다.

(2) 이: 양재동 사람이 아니면 서초구민이 아니다.
　　　　양재동 사람 아닌 서초구민도 많으니까, 이는 참이 되지 않는다

윤주쌤 TIP

※ 논리 문제를 해결하기 위해서

(1) 자연어로 적혀있는 문장을 올바르게 기호화할 수 있는지가 제일 중요하다.
　　만약 기호화 과정에서 실수가 생긴다면 아무리 빠르고 정확하게 푼다 하더라도 올바른 결론이 도출되지 않는다.

(2) 논리 기호를 올바른 논리 규칙에 의해 바꿀 수 있는지를 연습해야 한다.
　　이 논리 규칙을 자유자재로 활용할 수 있을 때 정확하고 빠르게 문제를 해결할 수 있을 것이다.

●해설 96쪽

※ 다음 명제를 기호화하고, 부정을 드모르간의 법칙을 이용하여 써 보시오. (01~05)

01 이 가게는 월요일 또는 화요일 중 적어도 하루는 휴일이다.

02 도준이는 돈가스 덮밥과 만두를 둘 다 먹었다.

03 체육관 열쇠는 혜리가 갖고 있거나 아니면 하나가 갖고 있다.

04 민수는 삼바를 추지 못하고 살사도 추지 못한다.

05 리포트를 제출하거나 테스트에 합격할 필요가 있다.

훈련문제 2

단권화를 위한 핵심 NOTE

해설 96쪽

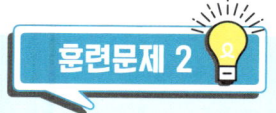

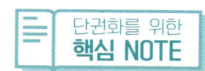

※ 다음 명제들을 기호화하고 대우 명제로 바꾸거나 드모르간으로 부정을 써 보시오.(01~15)

01 영희가 범인이거나 순이가 범인이다.

02 A와 B가 당직을 하면 C도 당직을 한다.

03 범인은 머리카락이 갈색이라면, 키가 크다.

04 범인이 안경을 쓰지 않는다면, 그는 키가 크지 않다.

05 D가 반대하면 C도 반대한다.

06 공연장 소리가 울리지 않으면, 악단의 연주가 훌륭하고 주차장이 만원이 아니다.

07 B 과정을 수강하면 A 과정도 수강해야 한다.

08 갑과 을 모두 위촉되면, 병도 위촉된다.

09 젊고 섬세하고 유연한 자는 아름답다.

10 노래를 잘하면 가수가 될 수 있다.

11 전투기의 공대공 전투능력이 높다면, 그 기종은 비행시간이 짧다.

12 을이 부유하다면, 그는 경제특화 지역에 거주한다.

13 물에 살면서 육식을 하지 않는 포유동물은 다리가 없다.

14 김 대리가 내근을 한다면, 그는 미혼이다.

15 과장이 여성이라면, 그는 연금 저축에 가입해 있다.

5 동치 법칙들

1 논리적 동등

두 명제의 진리값이 항상 일치할 때, 우리는 그 두 명제가 '논리적으로 동등하다'라고 말한다.

동치법칙을 알면 쉽게 해결되는 경우들이 있다. 이 동치 법칙들을 이용하여 하나의 복합명제를, 진리값은 같으나 모양은 다른, 또 다른 복합명제로 변형시킬 수 있다.

(1) 문제 풀 때 알아야 할 동치법칙들

① **드 모르강의 법칙**

$$\sim(p \wedge q) \Leftrightarrow \sim p \vee \sim q$$
$$\sim(p \vee q) \Leftrightarrow \sim p \wedge \sim q$$

가을은 춥거나 덥지 않다. ⇔ 가을은 춥지도 않고, 덥지도 않다.
∼ (가을은 춥다 ∨ 가을은 덥다) ⇔ ∼ (가을은 춥다) ∧ ∼ (가을은 덥다)

② **대우법칙**

$$p \rightarrow q \Leftrightarrow \sim q \rightarrow \sim p$$

우주에 가면 중력이 없어진다. ⇔ 중력이 있으면 우주에 간 것이 아니다.
(우주에 간다) → (중력이 없어진다) ⇔ ∼ (중력이 없어진다) → ∼ (우주에 간다)

③ **실질함축법칙**

$$p \rightarrow q \Leftrightarrow \sim p \vee q$$

공무원 시험에 합격하면, ⇔ 공무원 시험에 합격하지 못하거나,
유럽여행 보내준다.   유럽 여행 보내준다.

(공무원 합격) → (유럽여행) ⇔ ∼ (공무원 합격) ∨ (유럽여행)

④ **교환법칙**

> $p \wedge q \Leftrightarrow q \wedge p$
> $p \vee q \Leftrightarrow q \vee p$

K씨는 의사이자 변호사이다. ⇔ K씨는 변호사이자 의사이다.
(K씨는 의사) ∧ (K씨는 변호사) ⇔ (K씨는 변호사) ∧ (K씨는 의사)
K씨는 의사이거나 변호사이다. ⇔ K씨는 변호사이거나 의사이다.
(K씨는 의사) ∨ (K씨는 변호사) ⇔ (K씨는 변호사) ∨ (K씨는 의사)

CHAPTER 02 추론

> 단권화를 위한
> **핵심 NOTE**

1 연역 추론

1 추론이란?

　추론은 전제가 되는 명제에서 결론을 도출하는 것이다.
　근거가 되는 이론이나 증거가 전제에 해당하는데, '이것은 올바르다.'라고 화자가 인정하는 것이다. 몇 가지 전제를 바탕에 두고 여기에서 '이것이 올바르다면 이것도 말할 수 있다.'라는 결론을 이끌어 낸다.
　결론을 도출하는 접속어로는 '그러므로', '따라서' 등이 있다. 전제가 뒤에 있을 경우에는 '왜냐하면 ~(이)기 때문이다.' 등으로 나타낸다.

2 연역 추론의 형식들

　논리적 추론 방식은 크게 연역추론과 귀납추론으로 나뉜다.
　연역추론은 어떤 전제들로부터 그 전제에 함축되어 있는 결론을 이끌어내는 추론 방식이고, 귀납추론은 개별 사실로부터 일반적인 결론을 이끌어내는 추론 방식이다.
　"연역추론이 타당하다"는 것은 '전제가 참이면 결론도 필연적으로 참이 되는 구조'를 가지고 있다는 뜻이다.

> · 모든 그리스인들은 흑인이다.
> · 소크라테스는 그리스인이다.
> · 따라서 소크라테스는 흑인이다.

　우리는 이 추론의 결론이 틀렸다는 것을 알 수 있고, 그 이유가 잘못된 전제에 있다는 것도 알 수 있다.
　여기서 알 수 있는 중요한 사실 하나는, 연역추론의 타당성은 그 추론을 구성하고 있는 명제들의 참, 거짓 여부와는 전혀 상관이 없다는 것이다. 전제가 거짓이더라도, 그리고 그 결과 결론이 거짓이더라도 그 연역추론은 타당할 수 있다. 결국 연역추론의 타당성 여부는 그 내용이 어떠하냐에 의해 결정되는 것이 아니라, 그 논리적 구조가 어떠하냐에 의해 결정되는 것이다.
　그렇다면 연역추론이 타당하기만 하면 되는가? 당연히 그렇지 않다. 가정과 결론의 논리적 구조가 타당해야 할 뿐만 아니라, '전제가 참'이어야 한다.

연역추론의 건전성 = 연역추론의 타당성 + 전제의 참

3 정언 삼단 논법

(1) 정언 삼단논법의 형식

정언 삼단 논법은 두 개의 정언명제들을 전제로 삼아 제3의 정언명제를 결론으로 이끌어내는 추론방식으로서, 그 형식은 다음과 같다.

- 정언명제 (대전제)
- 정언명제 (소전제)
- 정언명제 (결론)

· 모든 동물은 호흡을 한다.
· 모든 사람은 동물이다.
· 따라서 모든 사람은 호흡을 한다.

(2) 정언 삼단논법의 타당성 평가

① 벤다이어그램을 이용한 타당성 평가

- 모든 예술가는 노력하는 사람이다.
- 어떤 예술가는 가난한 사람이다.
- 그러므로 어떤 가난한 사람은 노력하는 사람이다.

이 정언 삼단논법에는 3개의 중요한 개념이 포함되어 있다. 하나는 예술가이고, 또 다른 하나는 노력하는 사람이며, 마지막 하나는 가난한 사람이다. 따라서 벤다이어그램을 그릴 때, 각각의 개념에 해당하는 원 3개를 다음과 같이 그려 넣어야 한다.

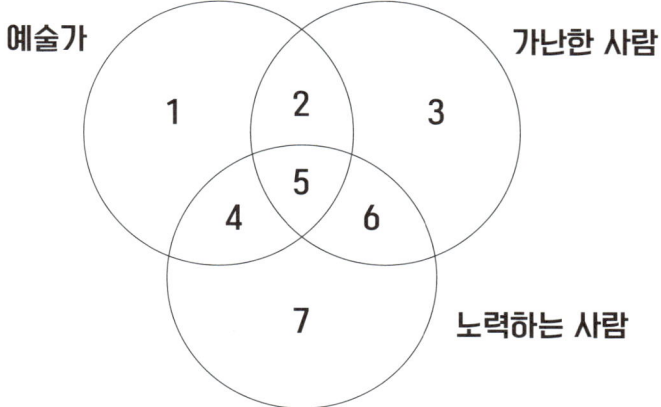

이제, 대전제가 "모든 예술가는 노력하는 사람이다." 이므로, 예술가의 영역 중에서 노력하는 사람의 영역에 속하지 않는 부분(1, 2)을 지운다. 그리고 소전제에서, "어떤 예술가는 가난한 사람이다."라는 말은 "예술가이면서 동시에 가난한 어떤 사람이 존재한다."는 뜻이고, 거기에 해당하는 영역은 2번과 5번이다. 그런데 2번은 이미 대전제에 의해서 지워진 영역이므로, 5번에 존재를 나타내는 별표를 해야 한다.

이 벤다이어그램은 주어진 정언 삼단논법의 결론에 해당하는 "어떤 가난한 사람은 노력하는 사람이다."라는 정언명제를 반영하고 있다. 따라서 이 정언 삼단논법은 타당한 추론이다.

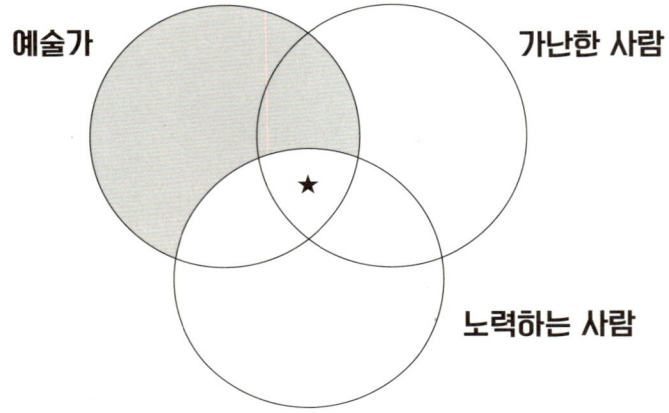

※ 밑줄 친 부분이 전제인지 결론인지 써 보시오. (01~04)

01 (a) <u>너, 내 찹쌀떡 허락 없이 먹었지?</u> 네 (b) <u>입 주변에 가루가 묻어 있잖아.</u>

(a) :

(b) :

02 (a) <u>엄청나게 밀리네.</u> (b) <u>사고라도 났나.</u>

(a) :

(b) :

03 "(a) <u>30점 미만은 재시험입니다.</u>" "으아, 그럼 (b) <u>난 재시험이네.</u> (c) <u>20점 받았는걸.</u>"

(a) :

(b) :

(c) :

04 (a) <u>그저께 잡은 매미가 죽었어.</u> (b) <u>어제 잡은 매미도 죽었어.</u> (c) <u>아까 잡은 매미도 죽었어.</u> (d) <u>매미는 금방 죽는구나.</u>

(a) :

(b) :

(c) :

(d) :

05 다음 논증 중 타당하지 않은 것은?

① 과학자인 동시에 수학자인 사람은 모두 천재이다. 어떤 수학자도 천재가 아니다. 그러므로 수학자인 동시에 과학자인 사람은 아무도 없다.

② 모든 과학자는 신을 믿는다. 신을 믿는 모든 사람은 유물론자가 아니다. 어떤 유물론자는 진화론자이다. 그러므로 어떤 진화론자는 과학자가 아니다.

③ 만일 직녀가 부산 영화제에 참석한다면 광주의 동창회에는 불참할 것이다. 만일 직녀가 광주의 동창회에 불참한다면 견우를 만나지 못할 것이다. 그러므로 직녀는 부산 영화제에 참석 하지 않거나 견우를 만나지 못할 것이다.

④ 외국어학원에 다니는 사람들은 모두 외국문화에 관심이 있다. 외국문화에 관심을 가지는 사람들 중 한 번도 외국에 가본 적이 없는 사람들이 있다. 그러므로 외국에 한 번도 가본 적이 없는 사람들 중 일부는 외국어학원에 다니지 않는다.

4 가언 삼단 논법

(1) 가언 삼단논법의 형식

가언삼단논법은 조건명제를 활용한 삼단논법인데, 가언 삼단논법에서 조건명제는 대전제로서의 역할을 한다. 구체적인 형식은 다음과 같다.

- 대전제 : 조건명제
- 소전제 : 전건긍정 또는 후건부정
- 결론 : 후건긍정 또는 전건부정

- 만약 A가 고래라면, A는 바다에 산다.
- A는 고래이다.
- 그러므로 A는 바다에 산다.

(2) 가언 삼단논법의 추론 규칙

이러한 가언 삼단논법이 타당한 추론이 되는 경우는 다음의 두 가지 추론 규칙들 중, 하나를 따를 때이다.

① **전건긍정식**

전건긍정식은 대전제가 조건명제로 주어졌을 때, 소전제가 대전제의 전건을 긍정하는 명제이고, 이로부터 대전제의 후건을 긍정하는 명제를 결론으로 이끌어내고 있을 때의 추론 형식을 말한다.

- 대전제 : 만일 대폭발 이론이 사실이라면, 우주는 동적(動的)인 성질을 가진다.
- 소전제 : 대폭발 이론은 사실이다.
- 결론 : 우주는 동적(動的)인 성질을 가진다.

$p \rightarrow q$ (대전제)
p (소전제)

$\therefore q$ (결론)

② **후건부정식**

후건부정식은 대전제가 조건명제로 주어졌을 때, 소전제가 대전제의 후건을 부정하는 명제이고, 이로부터 대전제의 전건을 부정하는 명제를 결론으로 이끌어내고 있을 때의 추론 형식을 말한다. 우리는 일단 전건긍정식이 타당하다는 것을 이해하게 되면, 동치 법칙 중, 대우 법칙을 사용하여 후건부정식 역시 타당하다는 것도 쉽게 이해할 수 있다.

> $p \rightarrow q$ (대전제)
> $\sim q$ (소전제)
>
> $\therefore \sim p$ (결론)

이 추론 형식에서 대우명제의 진리값은 항상 같다는 성질을 이용하여 $p \rightarrow q$를 $\sim q \rightarrow \sim p$로 대치하면 다음과 같이 전건긍정식을 얻는다.

$\sim q \rightarrow \sim p$ (대전제)
$\sim q$ (소전제)
$\therefore \sim p$ (결론)

따라서 전건긍정식과 후건부정식은 논리적으로 동일하고, 이는 전건긍정식이 타당하다면 후건부정식 역시 타당함을 의미한다. 후건부정식의 예는 다음과 같다.

· 운이 좋으면 공무원에 합격할 수 있다. (대전제)
· 공무원에 합격하지 못했다. (소전제)
· 그러므로 운이 좋지 않았다. (결론)

이 후건부정식은 대전제를 대우명제로 바꾸어 줌으로써, 다음과 같이 전건긍정식으로 바꿀 수 있다.

· 공무원에 합격하지 못했다면 운이 좋지 않은 것이다. (대전제)
· 공무원에 합격하지 못했다. (소전제)
· 그러므로 운이 좋지 않았다. (결론)

(3) 타당하지 않은 가언 삼단논법

① 전건부정의 오류

- 지구가 네모이면 까마귀는 새이다.
- 지구가 네모가 아니다.
- 까마귀가 새가 아니다.

$p \rightarrow q$ (대전제)
$\sim p$ (소전제)
───────
$\therefore \sim q$ (결론)

이러한 추론상의 오류를 전건부정의 오류라고 한다.

② 후건긍정의 오류

- 지구가 네모이면 까마귀는 새이다.
- 까마귀는 새이다.
- 그러므로 지구는 네모이다.

이 삼단논법에서도 대전제와 소전제는 참이지만, 결론은 거짓이다. 우선 대전제를 살펴보면, 조건명제의 전건은 거짓이고 후건은 참이기 때문에, 전체 대전제는 참이다. 그리고 소전제 역시 참이다. 그러나 결론은 명백한 거짓이다. 따라서 이 삼단논법은 부당한 연역추론으로서 오류이다. 이러한 오류는 다음의 형식을 띤다.

$p \rightarrow q$ (대전제)
q (소전제)
───────
$\therefore p$ (결론)

이러한 추론상의 오류를 후건긍정의 오류라고 한다.

이상에서 논의한 두 가지 타당한 가언 삼단논법과 두 가지 오류를 정리하면 다음과 같다.

	전건긍정식	후건부정식
타당한 가언 삼단논법	p → q (대전제) p　　 (소전제) ――――――― ∴ q　　 (결론)	p → q (대전제) ~q　　 (소전제) ――――――― ∴ ~p　 (결론)
	전건부정의 오류	후건긍정의 오류
오류	p → q (대전제) ~p　　 (소전제) ――――――― ∴ ~q　 (결론)	p → q (대전제) q　　 (소전제) ――――――― ∴ p　　 (결론)

5 양도논법

(1) 양도논법의 형식

양도논법은 딜레마라고 부르는 것으로서, 두 가지 가능한 선택지들 중에서 무엇을 선택하더라도 같은 결론이 나오는 추론 형식이다.

이를 이해하기 위해서, 우리가 잘 아는 딜레마 상황을 살펴보자.

짚신 장수와 나막신 장수를 아들로 둔 노인은 날씨에 상관없이 항상 걱정을 하게 된다. 맑은 날은 나막신 장수인 아들이 장사를 못할 것이기 때문에 걱정이고, 비가 오는 날은 짚신 장수인 아들이 장사를 못할 것이기 때문에 걱정이다. 이러한 상황을 추론으로 구성해보면, 다음과 같은 구조를 가진다.

날씨가 맑으면 노인은 걱정이다.
비가 오면 노인은 걱정이다.
그런데 날씨가 맑거나 비가 오거나 둘 중 하나이다.
그러므로 노인은 항상 걱정이다.

$p \to r$ (대전제)
$q \to r$ (대전제)
$p \lor q$ (소전제)
─────────
$\therefore r$ (결론)

(2) 양도논법 반박하기

양도논법을 반박하는 방법들은 논리화에서 잘 알려져 있는데, 다음과 같은 것들이 있다.

① 뿔 꺾기

이 방법은 양도논법의 두 개의 대전제 중 하나가 참이 아니라고 주장하는 방법이다.

연역추론에서는 대전제가 참일 때, 타당한 추론 방식을 통해서 참인 결론을 이끌어 낼 수 있기 때문에, 만약 대전제가 참이 아닌 것으로 밝혀지면, 그 주장에 큰 타격을 입게 된다.

위의 양도논법을 반박하기 위해, 첫 번째 대전제가 참이 아니라고 가정해 보자. 날씨가 맑은 날에도 많은 사람들이 비올 때를 대비해서 나막신을 많이 산다면, 첫 번째 대전제는 거짓이 되고, 그로부터 이끌어내어진 결론 역시 거짓이 된다. 결국, 양도논법의 두 개의 뿔 중 하나를 꺾어버림으로써 그 주장을 반박할 수 있다.

② 뿔 사이로 피하기

뿔 사이로 피하기 방법은 위에서 언급한 뿔 꺾기 방법보다 좀 더 효과적으로 상대방의 주장을 반박할 수 있는 방법이다. 이 방법은 양도논법의 소전제가 참이 아니라고 주장하는 방법이다.

양도논법의 소전제에서 사용되는 선언명제는 제시된 두 선언지 중 하나가 반드시 참이라고 주장한다. 그러므로 양도논법을 반박하고자 하는 사람은 소전제인 선언면제가 주장하는 선언지 외에 다른 가능성이 존재한다고 주장함으로써, 결론을 반박할 수 있다.

위의 예에서, 날씨는 맑거나 비가 오는 상황 말고도 다른 상황들 (예를 들면, 날씨가 흐린 상황)이 존재한다. 이럴 경우, 소전제는 거짓이 되고, 이로부터 이끌어내어진 결론 역시 거짓이 된다. 결국, 양도논법의 두 개의 뿔 사이로 피해 버림으로써 그 주장을 반박할 수 있다.

(1) 남자이거나 남자가 아니거나
(2) 학생이거나 선생이거나

첫 번째 선언명제의 경우, 두 선언지 중 하나는 반드시 논리적으로 참이다. 왜냐하면 두 선언지가 서로 모순이기 때문이다.

하지만 두 번째 선언명제의 경우, 두 선언지가 둘 다 거짓일 수도 있다. 우리는 학생도 아니고 선생도 아닌 사람을 주위에서 얼마든지 볼 수 있기 때문이다.

따라서 첫 번째 선언명제의 경우, 두 선언지 외에 다른 가능성을 고려할 여지가 전혀 없지만, 두 번째 선언명제의 경우, 두 선언지 외에 다른 가능성을 얼마든지 고려할 수 있다.

어떤 양도논법을 반박하고자 할 때, 뿔 사이로 피하기 방법을 사용할 수 있는지의 여부는 그 양도논법의 소전제로 사용된 선언명제의 두 선언지가 서로 모순인가 아닌가의 여부에 의해 결정된다. 그 두 선언지가 서로 모순이면 뿔 사이로 피하기 방법은 사용할 수 없고, 모순이 아니면 뿔 사이로 피하기 방법을 사용할 수 있다.

●해설 98쪽

01 다음 중 논증 형식이 같은 것끼리 묶인 것은?

> ㄱ. A교수가 국립대학 교수라면 그는 대통령에 의해 임용되었을 것이다. 그러나 그는 대통령에 의해 임용되지 않았다. 따라서 A교수는 국립대학 교수가 아니다.
> ㄴ. 여당 지도부의 지지 없이는 새로운 증세안은 국무회의에서 기각될 것이다. 그러나 국무회의에서 새로운 증세안이 통과되었으므로 여당 지도부는 증세안을 지지했음에 틀림 없다.
> ㄷ. 축구 대회에 참가한 모든 팀은 조별 리그에서 최소 1승을 한 경우에만 본선 2라운드에 진출할 수 있다. B팀은 조별 리그에서 1승을 했다. 따라서 B팀은 본선 2라운드에 진출하였다.
> ㄹ. 논리학 과목에서 총 강의 시간의 1/4 이상 결석한 학생은 모두 그 과목에서 F학점을 받는다. C군은 지난 학기 논리학 과목에서 F학점을 받았다. 그는 지난 학기 그 과목에서 1/4 이상 결석했음에 틀림없다.

① ㄱ, ㄴ - ㄷ, ㄹ
② ㄱ, ㄷ - ㄴ, ㄹ
③ ㄱ, ㄹ - ㄴ, ㄷ
④ ㄴ - ㄱ, ㄷ, ㄹ

	발문 분석	
선지 분석	정답의 근거	
	오답의 이유	

02 다음의 추리들은 잘못된 추리들이다. 같은 방법으로 반박될 수 있는 것끼리 바르게 묶은 것은?

(가) 열심히 공부하는 학생들에게 장학금은 필요가 없다. 장학금을 주지 않아도 공부할 테니까. 게으른 학생들에게는 장학금은 효과가 없다. 그들은 어차피 공부를 하지 않을 것이니까. 장학금은 열심히 공부하는 학생에게는 불필요하고 게으른 학생에게는 효과가 없으므로 장학제도는 없애야 한다.

(나) 우리가 서로 경쟁을 한다면 우리 사이에는 평화가 없을 것이다. 우리가 서로 경쟁을 하지 않는다면 발전이 없을 것이다. 우리는 경쟁을 하거나 하지 않거나 이다. 그러므로 우리에게는 평화가 없거나 발전을 못하거나 이다.

(다) 남자가 독신이라면 그를 돌보아 줄 사람이 없기 때문에 불행하다. 만약 그가 기혼이라면 그는 처자를 부양해야 하기 때문에 불행하다. 그는 결혼을 해야 하거나 독신으로 지내야 하거나 둘 중의 하나이다. 그러므로 그는 어차피 불행할 수밖에 없다.

(라) 만일 네가 옳은 말을 하면 사람들이 너를 싫어할 것이고, 만일 네가 옳지 않은 말을 하면 신이 너를 싫어할 것이다. 그런데 너는 옳은 말을 하거나 옳지 않은 말을 하거나 이다. 그러므로 너는 어차피 사람들의 미움을 받든지 신의 미움을 받든지 할 수밖에 없다.

(마) 사람들이 착하다면 나쁜 행위를 막기 위해 만들어진 법이란 것은 불필요할 것이다. 반면에 사람들이 악하다면 그들은 법망을 피해서라도 악행을 저지를 것이기에 법은 아무런 소용이 없다. 사람들은 선하거나 악하거나 둘 중의 하나이다. 그러므로 법은 불필요하거나 악행을 막지 못하거나 이다.

① (가), (나), (다) ──────── (라), (마)
② (가), (나), (마) ──────── (다), (라)
③ (가), (라), (마) ──────── (나), (다)
④ (나), (다), (라) ──────── (가), (마)

발문 분석	
선지 분석	정답의 근거	
	오답의 이유	

5 선언 삼단 논법

(1) 선언 삼단논법의 형식

선언 삼단논법이란 선언명제가 포함되어 있는 삼단논법으로서, 다음과 같은 예를 들 수 있다.

· K씨는 공무원이거나 의사이다. (대전제)
· K씨는 의사가 아니다. (소전제)
· 그러므로 K씨는 공무원이다. (결론)

여기서 대전제에 해당하는 명제가 선언명제로서 다음과 같은 형식을 가진다.

(K씨는 공무원이다.) ∨ (K씨는 의사이다.)

이러한 선언명제는 두 선언지들 중 하나만 참이면 전체 명제가 참이 된다.

$$p \lor q \quad \text{(대전제)}$$
$$\sim q \text{ (또는 } \sim p\text{)} \quad \text{(소전제)}$$
$$\therefore p \text{ (또는 } q\text{)} \quad \text{(결론)}$$

(2) 선언 삼단논법과 연언논법의 비교

$$p \land q \quad \text{(전제)}$$
$$\therefore p \quad \text{(결론)}$$

연언논법은 삼단논법의 형태를 띨 필요가 없는데, 그 이유는 연언명제가 참이면, 그 각각의 연언지도 참이기 때문이다. 따라서 전제로부터 결론을 추론하기 위해서 다른 전제의 도움을 필요로 하지 않는다.

· K씨는 공무원이면서 동시에 의사이다.
· 그러므로 K씨는 공무원이다.

(K씨는 공무원이다.) ∧ (K씨는 의사이다.)

2 귀납 추론

1 귀납추론의 성격

귀납추론은 주어진 정보로부터 '개연성(蓋然性)' 높은 결론, 다시 말해서 참일 확률이 높은 결론을 이끌어내는 추론 형식을 말한다. 귀납추론의 경우, 전제가 참이라고 해서 결론의 참이 보장되는 것은 아니며, 단지 결론이 참일 확률이 높아질 뿐이다.

(1) 지난 올림픽에서 우리나라는 10위권에 들었기 때문에, 이번에도 10위권에 들 것이다.
(2) 지난 두 번의 올림픽에서 우리나라는 10위권에 들었기 때문에, 이번에도 10위권에 들 것이다.

위의 두 추론은 모두 귀납추론이다. 즉, 전제가 참일 때 결론이 참일 확률이 높다고 할 수 있는 추론이다. 하지만 우리는 (1)보다 (2)의 추론에서의 결론이 더 참일 확률이 높다는 것을 알 수 있다. 왜냐하면 (1)은 단 한 번의 경험으로부터 결론을 이끌어내고 있지만, (2)는 두 번의 경험으로부터 결론을 이끌어내고 있기 때문이다.

(3) 우리나라는 참가했던 모든 올림픽에서 10위권에 들었기 때문에, 이번에도 10위권에 들 것이다.

(3) 역시 (1), (2)와 동일한 결론을 주장하고 있지만, 그 근거는 훨씬 강력하다. 이 논의의 핵심은 (2)는 (1)보다는 개연성이 높은 추론 (그래서 더 좋은 귀납추론)이지만, (3)보다는 개연성이 낮은 추론 (그래서 덜 좋은 귀납추론)이라는 것이다. 결국 귀납추론의 평가는 상대적인 것이다.

2 통계적 삼단논법

(1) 통계적 삼단논법의 형식

통계적 삼단논법은 통계적 일반화를 통해 결론으로부터 특정한 개별사실을 이끌어내는 방식이다. 그 형식은 연역적 삼단논법과 비슷하지만, 통계적 일반화를 통해 얻어진 결론을 대전제로 사용한다는 점에서 연역적 삼단논법과 다르다.

· 한국의 고등학생 80%는 학원을 다닌다. (대전제)
· 철수는 한국의 고등학생이다. (소전제)
· 그러므로 철수는 학원에 다닌다. (결론)

통계적 삼단논법은 대전제가 100%의 사실이 아닌 80%의 사실을 언급하고 있기 때문에, 결론이 참일 확률 역시 100%가 아닌 80%가 될 것이다. 따라서 연역적 삼단논법과 유사한 모양을 하고 있지만, 결론이 필연적으로 참이 아니라, 단지 개연성이 높다는 이유에서 귀납추론이다.

3 귀납적 일반화와 오류들

(1) 성급한 일반화의 오류

귀납추론의 개연성이 높아지기 위한 일차적인 조건은 충분한 개별사례들이다.

예를 들어, 대통령 선거를 실시하기 전에 여론조사를 했다고 가정해보자. 여론조사 기관에서 행인 10명에게 지지하는 후보를 물었더니 그 중 7명이 기호 1번을 답했다면, 이로부터 전 국민의 70%가 기호 1번을 지지한다고 말할 수 없을 것이다. 왜냐하면 대통령 선거에 참여할 수 있는 전체 유권자 수에 비해서 표본 집단의 수가 너무 적기 때문이다. 이렇게 불충분한 표본의 수로부터 귀납적 일반화를 이끌어 내는 것을 '불충분한 통계의 오류' 또는 '성급한 일반화의 오류'라고 한다.

(2) 편향된 통계의 오류

좋은 귀납추론이 되기 위해서 표본의 수가 충분히 많아야 한다는 조건 외에 또 한 가지 필요한 조건은 표본이 전체 집단을 대표할 수 있어야 한다는 것이다.

여론조사기관에서 이번에는 충분히 많은 수의 사람들, 예를 들면 5만 명에게 후보들 중 누구를 지지하는지 물었다고 가정해 보자. 5만 명은 충분히 많은 수이므로 이로부터 전체 유권자의 성향을 분석하는 것이 타당하다고 생각할 수 있다. 그런데 이 5만 명이 모두 특정한 지역에 거주하는 사람들이라면 문제는 달라질 수 있다. 특정한 지역에 거주하는 사람들은 특정한 이해관계를 가질 가능성이 높기 때문에 전국 유권자를 대표한다고 할 수 없기 때문이다. 따라서 각 지역에 거주하는 사람들을 골고루 표본에 포함시켜야 신뢰성 있는 결과를 얻을 수 있을 것이다.

이처럼 귀납추론에서는 표본을 선택할 때 이 표본이 전체 집단을 대표할 수 있는지를 고려해야 한다. 이러한 고려 없이 전체를 대표할 수 없는 표본을 선택하여 특정한 결론에 도달하는 것을 '편향된 자료의 오류'라고 한다.

● 해설 98쪽

01 다음 추론 중 논리적 추리의 방법이 다른 하나는?

① 많은 수의 A가 다양한 조건에서 관찰되었고, 그리고 관찰된 A가 모두 예외 없이 B라는 성질을 가지고 있으면, '모든' A는 B라는 성질을 가진다.

② 이 코르크 마개는 나무이고 그것은 물 위에 뜬다. 육면체로 된 이 물체는 나무이고 그것은 물 위에 뜬다. 그러므로 나무로 된 모든 물체는 물 위에 뜬다.

③ 소금암 광산으로부터 얻은 소금이나 바닷물로부터 얻는 소금이나, 그 소금(NaCl)안의 염소(Cl) 질량을 조사하니 60.66%였다. 따라서 모든 소금에는 염소의 질량이 60.66% 존재한다.

④ 케플러는 화성의 상대적 위치를 관찰하여 화성의 궤도를 알아내려 하였다. 그래서 그는 우선 화성의 궤도가 타원이라고 가정하고 이 가설 아래서 화성의 위치를 수학적으로 계산한 뒤, 계산 결과를 이미 있던 관찰 자료에 맞추어 보았다. 다행하게도 관찰 자료와 수학적으로 계산한 위치는 서로 잘 맞아 떨어졌다.

CHAPTER 03 2025 논리 신유형과 훈련문제

참·거짓 유형

● 해설 99쪽

2025' 예시문항 5번

Q1 다음 진술이 모두 참일 때 반드시 참인 것은?

- 오 주무관이 회의에 참석하면, 박 주무관도 참석한다.
- 박 주무관이 회의에 참석하면, 홍 주무관도 참석한다.
- 홍 주무관이 회의에 참석하지 않으면, 공 주무관도 참석하지 않는다.

① 공 주무관이 회의에 참석하면, 박 주무관도 참석한다.
② 오 주무관이 회의에 참석하면, 홍 주무관은 참석하지 않는다.
③ 박 주무관이 회의에 참석하지 않으면, 공 주무관은 참석한다.
④ 홍 주무관이 회의에 참석하지 않으면, 오 주무관도 참석하지 않는다.

●해설 99쪽

01 다음 진술이 모두 참일 때 반드시 참인 것은?

> • 김 주무관이 휴가를 떠나면, 최 주무관도 떠난다.
> • 최 주무관이 휴가를 떠나면, 박 주무관도 떠난다.
> • 박 주무관이 휴가를 떠나지 않으면, 이 주무관도 떠나지 않는다.

① 이 주무관이 휴가를 떠나면, 최 주무관도 떠난다.
② 김 주무관이 휴가를 떠나면, 박 주무관은 떠나지 않는다.
③ 최 주무관이 휴가를 떠나지 않으면, 박 주무관도 떠나지 않는다.
④ 박 주무관이 휴가를 떠나지 않으면, 김 주무관도 떠나지 않는다.

발문 분석	
선지 분석	정답의 근거
	오답의 이유

02 다음 진술이 모두 참일 때 반드시 참인 것은?

> - 김 주무관이 승진하면, 최 주무관도 승진한다.
> - 최 주무관이 승진하지 않으면, 박 주무관은 승진한다.
> - 이 주무관이 승진하면, 최 주무관은 승진하지 않는다.

① 김 주무관이 승진하면, 박 주무관도 승진한다.
② 최 주무관이 승진하지 않으면, 이 주무관이 승진한다.
③ 이 주무관이 승진하면, 박 주무관이 승진한다.
④ 이 주무관이 승진하면, 김 주무관도 승진한다.

문제 유형 분석표

발문 분석	
선지 분석	정답의 근거
	오답의 이유

03 다음 진술이 모두 참일 때 반드시 참인 것은?

> • 김 주무관이 기혼이면, 최 주무관은 미혼이다.
> • 김 주무관이 미혼이면, 박 주무관은 기혼이다.
> • 이 주무관이 미혼이면, 최 주무관은 기혼이다.

① 박 주무관이 기혼이면, 김 주무관은 미혼이다.
② 이 주무관이 미혼이면, 김 주무관도 미혼이다.
③ 김 주무관이 기혼이면, 이 주무관은 미혼이다.
④ 최 주무관이 미혼이면, 박 주무관도 미혼이다.

문제 유형 분석표

발문 분석	
선지 분석	정답의 근거	
	오답의 이유	

04 다음 진술이 모두 참일 때 반드시 참인 것은?

- A국이 조약에 가입하면, B국은 가입하지 않는다.
- C국이 조약에 가입하면, B국은 가입한다.
- C국이 조약에 가입하지 않으면, D국도 가입하지 않는다.

① A국이 조약에 가입하면, C국도 가입한다.
② B국이 조약에 가입하지 않으면, D국도 가입하지 않는다.
③ C국이 조약에 가입하면, D국도 가입한다.
④ D국이 조약에 가입하면, A국도 가입한다.

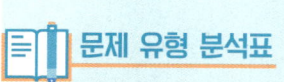

발문 분석	
선지 분석	정답의 근거
	오답의 이유

05 다음 진술이 모두 참일 때 반드시 참인 것은?

- 갑이 펀드에 투자하면, 을은 투자하지 않는다.
- 갑이 펀드에 투자하지 않으면, 병은 투자한다.
- 을이 펀드에 투자하지 않으면, 정도 투자하지 않는다.

① 갑이 펀드에 투자하면, 정도 투자한다.
② 을이 펀드에 투자하면, 정도 투자한다.
③ 병이 펀드에 투자하지 않으면, 을도 투자하지 않는다.
④ 정이 펀드에 투자하지 않으면, 갑은 투자한다.

발문 분석	
선지 분석	정답의 근거
	오답의 이유

결론 추리 유형

●해설 101쪽

2025' 예시문항 12번

Q2 (가)와 (나)를 전제로 할 때 빈칸에 들어갈 결론으로 가장 적절한 것은?

> (가) 노인복지 문제에 관심이 있는 사람 중 일부는 일자리 문제에 관심이 있는 사람이 아니다.
> (나) 공직에 관심이 있는 사람은 모두 일자리 문제에 관심이 있는 사람이다.
> 따라서, ☐

① 노인복지 문제에 관심이 있는 사람 중 일부는 공직에 관심이 있는 사람이 아니다.
② 공직에 관심이 있는 사람 중 일부는 노인복지 문제에 관심이 있는 사람이 아니다.
③ 공직에 관심이 있는 사람은 모두 노인복지 문제에 관심이 있는 사람이 아니다.
④ 일자리 문제에 관심이 있지만 노인복지 문제에 관심이 없는 사람은 모두 공직에 관심이 있는 사람이 아니다.

●해설 101쪽

01 (가)와 (나)를 전제로 할 때 빈칸에 들어갈 결론으로 가장 적절한 것은?

> (가) 음악을 사랑하는 사람 중 일부는 공연을 자주 보는 사람이 아니다.
> (나) 예술 분야의 직업을 가진 사람은 모두 공연을 자주 보는 사람이다.
> 따라서 ☐

① 음악을 사랑하는 사람 중 일부는 예술 분야의 직업을 가진 사람이 아니다.
② 예술 분야의 직업을 가진 사람 중 일부는 음악을 사랑하는 사람이 아니다.
③ 예술 분야의 직업을 가진 사람은 모두 음악을 사랑하는 사람이 아니다.
④ 공연을 자주 보지만 음악을 사랑하지 않는 사람은 모두 예술분야의 직업을 가진 사람이 아니다.

문제 유형 분석표

발문 분석	
선지 분석	정답의 근거	
	오답의 이유	

02 (가)와 (나)를 전제로 할 때 빈칸에 들어갈 결론으로 가장 적절한 것은?

(가) 단맛을 좋아하는 사람 중 일부는 매운맛을 좋아하는 사람이다.
(나) 짠맛을 좋아하는 사람은 모두 매운맛을 좋아하지 않는 사람이다.
따라서 ☐

① 단맛을 좋아하는 사람은 모두 짠맛을 좋아하지 않는다.
② 단맛과 매운맛을 모두 좋아하는 사람은 짠맛을 좋아하지 않는다.
③ 짠맛을 좋아하지 않는 사람은 모두 단맛을 좋아한다.
④ 매운맛을 좋아하는 사람은 모두 단맛을 좋아하지 않는다.

 문제 유형 분석표

발문 분석	
선지 분석	정답의 근거	
	오답의 이유	

03 (가)와 (나)를 전제로 할 때 빈칸에 들어갈 결론으로 가장 적절한 것은?

> (가) 해외여행 경험이 있는 사람은 모두 비행기를 타본 사람이다.
> (나) 비행기를 타본 사람 중 일부는 배를 타보지 않은 사람이다.
> 따라서 _____

① 해외여행 경험이 있는 사람은 모두 배를 타보지 않은 사람이다.
② 해외여행 경험이 있는 사람은 모두 배와 비행기를 타본 사람이다.
③ 해외여행 경험이 있으면서 배를 타본 사람 중 일부는 비행기를 타보지 않은 사람이다.
④ 배를 타보지 않은 사람 중 일부는 비행기를 타본 사람이다.

	발문 분석	
선지 분석	정답의 근거	
	오답의 이유	

04 (가)와 (나)를 전제로 할 때 빈칸에 들어갈 결론으로 가장 적절한 것은?

> (가) 비디오 기기를 생산하는 회사 중 일부는 오디오 기기를 생산하는 회사이다.
> (나) 비디오 기기를 생산하는 회사는 모두 식품 가공 회사가 아니다.
> 따라서 _____

① 오디오 기기를 생산하는 회사 중 일부는 식품 가공 회사가 아니다.
② 식품을 가공하지 않는 회사는 모두 비디오 기기를 생산하는 회사이다.
③ 비디오 기기를 생산하면서 식품을 가공하지 않는 회사는 모두 오디오 기기를 생산하는 회사이다.
④ 오디오 기기를 생산하는 회사 중 일부는 식품 가공 회사이다.

발문 분석	
선지 분석	정답의 근거	
	오답의 이유	

05 (가)와 (나)를 전제로 할 때 빈칸에 들어갈 결론으로 가장 적절한 것은?

(가) 음향기기는 모두 전자 기기이다.
(나) 음향기기 중 일부는 코드리스 기기가 아니다.
따라서 ☐

① 전자 기기는 모두 음향기기가 아니다.
② 전자 기기가 아닌 것들 중 일부는 음향기기이다.
③ 음향기기이면서 코드리스 기기가 아닌 것은 모두 전자 기기가 아니다.
④ 음향기기이면서 전자 기기인 것들 중 일부는 코드리스 기기가 아니다.

발문 분석	
선지 분석	정답의 근거
	오답의 이유

전제 추리 유형

Q3 다음 글의 밑줄 친 결론을 이끌어내기 위해 추가해야 할 것은?

> 문학을 좋아하는 사람은 모두 자연의 아름다움을 좋아하는 사람이다.
> 자연의 아름다움을 좋아하는 어떤 사람은 예술을 좋아하는 사람이다.
> 따라서 <u>예술을 좋아하는 어떤 사람은 문학을 좋아하는 사람이다.</u>

① 자연의 아름다움을 좋아하는 사람은 모두 문학을 좋아하는 사람이다.
② 문학을 좋아하는 어떤 사람은 자연의 아름다움을 좋아하는 사람이다.
③ 예술을 좋아하는 어떤 사람은 자연의 아름다움을 좋아하는 사람이다.
④ 예술을 좋아하지만 문학을 좋아하지 않는 사람은 모두 자연의 아름다움을 좋아하는 사람이다.

●해설 104쪽

01 다음 글의 밑줄 친 결론을 이끌어내기 위해 추가해야 할 것은?

> 컴퓨터에 능숙한 사람은 모두 과학기술에 관심이 많은 사람이다.
> 감성적인 사람은 모두 과학기술에 관심이 많지 않은 사람이다.
> 따라서 <u>감성적인 사람은 모두 게임을 좋아하지 않는 사람이다.</u>

① 게임을 좋아하는 사람은 모두 컴퓨터에 능숙한 사람이다.
② 컴퓨터에 능숙한 사람은 모두 감성적인 사람이다.
③ 과학기술에 관심이 많지 않은 사람은 모두 감성적인 사람이 아니다.
④ 과학기술에 관심이 많은 사람은 모두 컴퓨터에 능숙한 사람이다.

발문 분석	
선지 분석	정답의 근거	
	오답의 이유	

02 다음 글의 밑줄 친 결론을 이끌어내기 위해 추가해야 할 것은?

> 아침에 일찍 일어나는 사람은 모두 부지런한 사람이다.
> 의욕적인 사람은 모두 아침에 일찍 일어나는 사람이다.
> 따라서 <u>의욕적인 사람은 쉽게 포기하는 사람이 아니다.</u>

① 의욕적인 사람은 모두 부지런한 사람이다.
② 아침에 일찍 일어나지 않는 사람은 모두 부지런한 사람이 아니다.
③ 쉽게 포기하는 사람은 모두 부지런한 사람이 아니다.
④ 부지런한 사람은 모두 아침에 일찍 일어나는 사람이다.

발문 분석	
선지 분석	정답의 근거
	오답의 이유

03 다음 글의 밑줄 친 결론을 이끌어내기 위해 추가해야 할 것은?

> 의류를 구매하는 사람은 모두 식재료를 구매하지 않는다.
> 전통 시장을 방문하는 사람은 모두 현금으로 결제를 하는 사람이다.
> 따라서 <u>식재료를 구매하는 사람은 모두 현금으로 결제를 하는 사람이다.</u>

① 현금으로 결제하는 사람은 식재료를 구매하는 사람이다.
② 의류를 구매하지 않는 사람은 모두 전통 시장을 방문하는 사람이다.
③ 전통 시장을 방문하는 사람은 의류를 구매하는 사람이다.
④ 현금으로 결제를 하지 않는 사람은 전통 시장을 방문하는 사람이 아니다.

문제 유형 분석표

발문 분석	
선지분석	정답의 근거
	오답의 이유

04 다음 글의 밑줄 친 결론을 이끌어내기 위해 추가해야 할 것은?

A 식당의 식재료는 모두 국내에서 생산되는 식재료이다.
국내에서 생산되는 어떤 식재료는 생산자가 직접 유통하는 식재료이다.
따라서 생산자가 직접 유통하는 어떤 식재료는 A 식당의 식재료이다.

① A 식당의 식재료는 모두 생산자가 직접 유통하는 식재료가 아니다.
② A 식당의 어떤 식재료는 국내에서 생산되는 식재료이다.
③ 생산자가 직접 유통하는 어떤 식재료는 국내에서 생산되는 식재료이다.
④ 국내 생산되는 식재료는 모두 A 식당의 식재료이다.

발문 분석	
선지 분석	정답의 근거
	오답의 이유

05 다음 글의 밑줄 친 결론을 이끌어내기 위해 추가해야 할 것은?

> 한국의 산은 모두 신생대 이전에 형성된 산이다.
> 신생대 이전에 형성된 산 중 일부는 풍화 침식 작용을 겪은 산이다.
> 따라서 <u>어떤 한국의 산은 풍화 침식 작용을 겪은 산이다.</u>

① 풍화 침식 작용을 겪은 산은 모두 신생대 이전에 형성된 산이다.
② 어떤 한국의 산은 신생대 이전에 형성된 산이다.
③ 신생대 이전에 형성된 산은 모두 한국의 산이다.
④ 한국의 산이면서 신생대 이전에 형성된 산은 모두 풍화 침식 작용을 겪은 산이 아니다.

문제 유형 분석표

발문 분석	
선지 분석	정답의 근거
	오답의 이유

정답과 해설

2025

윤주국어
논리&논증의 여왕

PART 01 논증

CHAPTER 02 2025 논증 신유형과 훈련문제

대표문제
문제 20쪽

Q1   정답 ④

사피어와 워프는 언어가 사고와 세계관을 결정한다고 주장한다. 즉, 특정 현상과 관련한 단어가 많을수록 해당 언어권의 화자들은 그 현상에 대해 심도 있게 경험하는 것이다.

▶▶▶ 보기 풀이

ㄱ. 제시문 주장 ㉠에 부합하므로 '강화'이다.
ㄴ. 수를 세는 단어를 넘어서는 수에 대응하는 단어가 없기 때문에 '많다'로 표현한다는 사례는 제시문 주장 ㉠에 부합하므로 '강화'이다.
ㄷ. 제시문에서 '심도 있게 경험한다'를 '능력이 뛰어나다'로 바꾸어 표현한 것으로 볼 수 있으므로, 제시문의 주장과 반대되는 사례이다. 따라서 ㉠을 '약화'한다.
〈보기〉의 평가 내용은 모두 적절하다.

Q2   정답 ①

'을'의 마지막 대화에서 '마스크 착용'에 대해 문화적 차원으로 고려하자는 내용을 확인할 수 있다.

▶▶▶ 오답 풀이

② 갑의 두 번째 대화에서 질문을 던지지만 화제를 전환하지는 않는다.
③ 찬반이 바뀌는 사람은 없다.
④ 공통점을 종합하여 주장을 강화하는 사람은 없다.

Q3   정답 ④

제시문에는 여러 학자들의 주장이 나오므로, 꼼꼼하게 확인해야 한다. 앳킨슨은 스톤헨지를 세운 사람들을 '야만인'으로 묘사하면서 그들은 과학적 사고를 할 줄 모른다고 주장한다. 그런데 ④번 선지 내용처럼 기원전 3,000년경 인류에게 천문학 지식이 있었다는 증거가 발견되면 앳킨슨의 주장은 약화된다.

▶▶▶ 오답 풀이

① 호킨스의 주장과 관련이 없다.
② 호일의 주장과 부합하므로 강화될 것이다.
③ 글쓴이는 스톤헨지 건설자들이 과학적 사고와 기술적 지식을 가지지 못했다고 주장한다. 따라서 약화될 것이다.

훈련문제
문제 23쪽

Q1   정답 ②

▶▶▶ 결론 찾기

▶ 1문단: 이론 P에 따른 '복지'의 정의와 그런 정의를 갖는 근거를 두 가지를 제시하고 있다. 이때, 필자는 이러한 근거들이 약점을 갖고 있다면 우리는 이론 P를 받아들일 이유가 없다고 하여 필자가 이론 P에 관한 이야기를 꺼낸 이유가 이론 P에 대한 단순한 설명도, 조건 없는 수용도 아닌 '이론 P를 반박하고자 함이 아닐까?' 하는 짐작을 가볍게 할 수 있다.

▶ 2문단: '복지'를 '다른 시민의 기본권을 침해하지 않는 한, 각 시민이 갖고 있는 현재의 선호들만 만족시키는 것'으로 보는 P의 주장을 뒷받침하는 근거들이 약점을 갖고 있다면 이론 P를 받아들일 이유가 없다고 말한 상황에서, "첫째 근거에 대해 이런 반론을 제기할 수 있다."라며 근거에 대한 반론을 들기 시작한다. 이러한 흐름에서 만약 두 번째 근거까지 반론이 제기되어 근거들이 모두 약점이 있다는 것이 밝혀진다면 자연스럽게 이론 P는 폐기되거나 거부되어야 한다는 결론에 이르게 될 것이다.

Q2   정답 ④

'다음 글의 입장을 강화하는 내용으로 적절한 것'을 묻고 있으므로 우선 글의 입장이 무엇인지 파악하는 것이 중요하다. 입장을 파악했다면 선지가 해당 입장을 '강화하는지 아닌지'만 가볍게 판단하도록 하자.

▶ 1문단: 고대사회를 정의하는 기준 중 하나로 사용되는 '생계경제'에 관한 설명과 '생계경제'의 관점에서 바라본 고대사회의 삶을 설명하고 있다.

▶ 2문단: 필자는 앞서 '생계경제'의 관점에서 바라본 고대사회에 관한 견해가 뿌리 깊은 오해임을 지적하면서 '생계경제'라는 개념으로 고대사회를 특징짓는 것에 대한 비판을 함께하고 있다.

▶ 선지:
① 강×: 고대사회가 경제적으로 풍요로웠던 것이 '생계경제' 체제 때문이라고 보는 내용으로는 고대사회를 '생계경제'로 보는 것을 비판하는 필자의 입장을 강화하지 않는다. 필자는 '생계경제'라는 비(非) 과학적 개념 도구로 고대사회를 바라보는 것 자체를 비판하고 있기 때문이다.
② 강×: 산업사회로 이행하면서 경제적 잉여가 발생하였고 계급이 형성되었다는 내용으로는 고대사회를 '생계경제'로 보는 것을 비판하는 필자의 입장이 강화되지 않는다.
③ 강×: 자연재해나 전쟁으로 인해 고대사회는 항상 불안정한 상황

어 처해 있었다는 내용으로는 고대사회를 '생계경제'로 보는 것을 비판하는 필자의 입장이 강화되지 않는다.
④ 강: 고대사회가 기아와의 끊임없는 투쟁을 하던 '생계경제'가 아닌, 경제적인 잉여가 존재하기도 하는 사회였다는 일종의 반례를 추가 해주는 것이다.

Q3 정답 ③

- 1문단: 인간에게 털이 없어진 이유에 대해 학자들은 해부학적, 생리학적, 행태학적 정보들을 이용하는 한편 다양한 상상력까지 동원해서 이와 관련된 진화론적 시나리오들을 제안해 왔다는 내용을 통해, 앞으로 소개될 가설 A와 B가 '인간에게 털이 없어진 이유'에 관한 가설임을 알 수 있다.
- 2문단: 가설 A는 인간이 진화 초기에 하였던 '수상생활'로 인해 털이 없어졌다고 보고 있다.
- 선지:
  ① ×: 인간 선조들의 화석이 고대 호수 근처에서 가장 많이 발견되었다는 사실은 가설 A를 약화하지 않는다.
  ② ×: 털 없는 신체나 피하 지방 같은 현대 인류의 해부학적 특징들을 고래나 돌고래 같은 수생 포유류도 가지고 있다는 사실은 가설 A를 약화하지 않는다. (오히려 가설 A를 지지하는 근거가 된다)
  ③ ○: 호수나 강에는 인간의 생존을 위협하는 수인성 바이러스가 광범위하게 퍼져 있었으며 인간의 피부에 그에 대한 방어력이 없다면 인간이 수상생활을 어렵게 하는 사실이다. 인간의 수상생활로 인해 털이 없어졌다는 가설 A는 약화된다. 따라서 옳다.
  ④ ×: 가설 B는 '인간의 피부에 털이 없으면 털에 사는 기생충들이 감염시키는 질병이 줄어들기 때문에 생존과 생식에 유리하여 털이 없어졌다'라는 주장이다. 이에 따르면 의복이나 다른 수단들을 활용할 수 있었을 때 비로소 털이 없어지는 진화가 가능하다고 하는데, 만약 열대 아프리카 지역에서 고대로부터 내려온 전통 생활을 유지하고 있는 주민들이 옷을 거의 입지 않는다는 사실은 가설 B를 강화하는 사례가 될 수 없다.

Q4 정답 ④

- ㄱ: '공직자 임용의 정치적 중립성을 보장할 필요성이 대두된다'는 사실이 주장 A의 설득력을 높이는지 확인한다.
- A: A는 정당에 대한 충성도와 공헌도를 공직자 임용 기준으로 삼을 것을 주장한다. 즉, 대통령 선거에서 승리한 정당이 공직자 임용의 권한을 가져서 공무원에 대한 정치 지도자의 지배력을 강화시켜 지도자의 정책 실현을 용이하게 하자고 주장하고 있다. A의 내용은 공직자 임용의 '정치적 중립성'을 보장할 필요성과는 거리가 있다. 오히려 〈보기〉의 진술은 A의 주장은 설득력을 낮추는 근거가 될 수 있다. 따라서 〈보기〉 ㄱ은 옳지 않다.
- ㄴ: '공직자 임용과정의 공정성'이 주장 B의 설득력을 높이는지 확인한다.
- B: B는 개인의 능력·자격·적성으로 공직자를 임용해야 하며, 이를 위해 공개경쟁 시험을 활용할 것을 주장한다. 이미 임용의 공정성과 관련된 내용을 언급하였으므로 〈보기〉 ㄴ은 옳은 선지임을 알 수 있다.
- ㄷ: '지역 편향성 완화 필요성'이 주장 C의 설득력을 높이는지 확인한다.
- C: C는 사회를 구성하는 모든 지역 및 계층으로부터 인구 비례에 따라 공무원을 선발하고, 그들을 정부 조직 내의 각 직급에 비례적으로 배치하여 정부 조직이 사회의 모든 지역과 계층에 가능한 한 공평하게 대응하도록 구성되어야 한다고 주장하는 등 '비례'의 필요성을 주장하고 있다. 따라서 〈보기〉 ㄷ의 진술은 주장 C의 설득력을 높이므로 옳다.

Q5 정답 ①

- 마지막 문단에서 필자는 지구 주위 환경뿐만 아니라 보편적 자연법칙까지도 인류와 같은 생명이 진화해 살아가기에 알맞은 범위 내에서 제한되어 있다고 결론 내리고 있다. 우주에 작용하는 근본적인 힘의 세기나 물리법칙도 인간을 비롯한 생명의 탄생에 유리하도록 미세하게 조정되어 있다는 것이다.
- 선지:
  ① 지지×: '탄소가 없는 상황에서도 생명이 자연적으로 진화할 수 있다'라는 내용은 현재 값에서 조금만 달라져도 행성 및 생명체 모두 존재할 가능성이 없다고 보는 필자의 견해와 상충하며 지지하는 진술로 볼 수 없다.
  ②, ③ 지지: 나머지 진술들은 모두 '현재' 값 또는 상태에서 변화가 발생한다면 행성이 존재하지 못하거나 생명체가 존재할 수 없다는 필자의 결론을 지지하는 진술들이다.
  ④ 생명이 생존하기 위해 행성이 액체 상태의 물을 포함하면서 너무 뜨겁거나 차갑지 않기 위해 위치해야 하는 '골디락스 영역'에 우리 지구가 위치하고 있다고 말하고 있으므로 글의 결론을 지지하는 데 무리가 없다.

Q6 정답 ②

- 제시문: 개체의 성(性)을 결정하는 요소로 성염색체 외에 '주변 온도'를 추가로 소개하며, '주변 온도'가 어떻게 개체의 성을 결정하는지 예시와 함께 설명하고 있다.
- 〈가설〉: 물질 B가 단백질 '가', '나'에 의해 각각 물질 A와 C로 변하는데, 이런 기능을 하는 단백질 '가', '나'의 양이 온도에 따라 달라지며 그 비율이 물질 A, C의 비율과 비례함을 말한다. 결국, 온도에 의해 단백질 '가', '나'의 비율이 변해 물질 B가 A 혹은 C로 변하면서 파충류의 성이 결정된다는 가설을 제시하고 있다.
- ㄱ. 강: 수컷만 생산하는 온도에서 부화되고 있는 알이 단백질 '가'보다 훨씬 많은 양의 단백질 '나'를 가지고 있다면 이는 물질 C가 물질 A에 비해 상대적으로 많은 것을 뜻하므로 수컷이 생산되는 것이 〈가설〉에 의해 설명된다. 따라서 이러한 결과는 〈가설〉을 강화한다.
- ㄴ. 강×: 수컷만 생산하는 온도에서 부화되고 있는 알보다 암컷만 생산하는 온도에서 부화되고 있는 알에서 물질 B의 농도가 더 높

다고 하더라도 〈가설〉은 강화되지 않는다. 〈가설〉은 파충류의 성을 결정하는 것이 물질 A와 C의 상대적 농도 차이 때문이라고 주장하기 때문이다.

ㄷ. 강: 수컷만 생산하는 온도에서 부화되고 있는 알이라면 물질 C의 농도가 더 높은 상태일 것이다. 그런데 고농도 물질 A를 투여하여 물질 C보다 그 농도를 높였더니 암컷이 생산된다면 이는 〈가설〉이 말하는 바와 같이 물질 A와 C의 상대적 농도 차이에 따라 파충류의 성이 결정되는 것이다. 이는 〈가설〉을 강화한다.

Q7 정답 ④

▶ **제시문**: 집단 내지 국가의 청렴도를 평가하는 잣대로 '공공 물품을 사적으로 사용하는 정도'가 활용됨을 설명한 후 M시의 대표적 회사 A의 '공공 물품을 사적으로 사용하는 정도(비율)'가 높다는 설문조사 결과를 근거로 M시의 회사원들은 낮은 청렴도를 가졌다고 결론짓고 있다.

▶ **보기**:

ㄱ. ○: 설문조사에 응한 회사 A의 직원들 중 회사물품에 대한 사적 사용 용도를 실제보다 축소하여 답한 직원들이 많다면 회사 A의 직원들이 회사물품을 사적으로 사용하는 비율이 설문조사 결과보다 더욱 높아진다는 뜻이 된다. 이는 'M시의 회사원들이 낮은 청렴도를 가졌다'라는 결론을 강화한다.

ㄴ. ○: 제시문의 논증은 M시의 회사 A에서 실시된 설무조사 결과를 근거로 M시의 회사원 전체에 대한 결론을 이끌어내는 귀납 논증에 해당한다. 만약 회사 A뿐만 아니라 회사 B에서도 동일한 설문조사 결과가 나왔다면 귀납 논증의 설득력은 높아진다. 논증의 결론은 강화된다.

ㄷ. ○: M시에 있는 대부분의 회사들에 비해 회사 A의 직원들이 회사 물품을 사적으로 사용한 정도가 심했던 것으로 밝혀졌다면 설문조사의 결과가 실제 현상을 과대평가하고 있는 것이다. 따라서 이런 설문조사에 기반하여 M시 전체 회사원들의 청렴도를 평가하는 것은 잘못된 결론이므로, 기존의 결론은 약화된다.

MEMO

PART 02 논리

CHAPTER 01 명제

2 명제의 개념 훈련문제 — 문제 34쪽

| Q1 ○ | Q2 ○ | Q3 × | Q4 ○ | Q5 × | Q6 ○ |
| Q7 ○ | Q8 ○ | Q9 ○ | Q10 ○ |

3 부정의 개념 훈련문제 — 문제 36쪽

Q1
민수는 뉴욕에 간 적이 있는 것은 아니다.
▶▶ 민수는 뉴욕에 간 적이 없다.

Q2
하나는 서울에 살지 않는 것은 아니다.
▶▶ 하나는 서울에 살고 있다.
이중 부정은 긍정으로 바꿀 수 있다.

Q3
헤리는 라면에 항상 마늘을 넣는다.
▶▶ 헤리는 항상 라면에 마늘을 넣는 것은 아니다.
'항상 넣는다'와 '항상 넣지 않는다'는 부정이 아닌 반대 의미가 되므로 '항상 그러는 것은 아니다.'라는 부정의 형태로 만들 필요가 있다. '~는 것은 아니다'라는 표현을 뒤에 붙이면 일단 틀릴 일은 없다.

Q4
도준은 파스타에 치즈를 지나치게 뿌린 것은 아니다.
▶▶ 도준은 파스타에 치즈를 지나치게 많이 뿌리지는 않는다.

4 명제의 종류 훈련문제 1 — 문제 48쪽

Q1
월 ∨ 화
부정: ~(월 ∨ 화) → ~월 ∧ ~화

Q2
돈가스 ∧ 만두
부정: ~(돈가스 ∧ 만두) → ~돈가스 ∨ ~만두

Q3
헤리 ∨ 하나
부정: ~(헤리 ∨ 하나) → ~헤리 ∧ ~하나

Q4
~삼바 ∧ ~살사
부정: ~(~삼바 ∧ ~살사) → 삼바 ∨ 살사

Q5
리포트 ∨ 테스트
부정: ~(리포트 ∨ 테스트) → ~리포트 ∧ ~테스트

4 명제의 종류 훈련문제 2 — 문제 49쪽

Q1
영희 ∨ 순이
부정: ~(영희 ∨ 순이) = ~영희 ∧ ~순이

Q2
(A ∧ B) → C
대우: ~C → ~(A ∧ B) = ~C → ~A ∨ ~B

Q3
갈색 → 키 큼
대우: ~키 큼 → ~갈색

Q4
~안경 → ~키 큼
대우: 키 큼 → 안경

Q5
~D → ~C
대우: C → D

Q6

~울림 → 훌륭 ∧ ~만원

대우: ~(훌륭 ∧ ~만원) → 울림 = ~훌륭 ∨ 만원 → 울림

Q7

B → A

대우: ~A → ~B

Q8

갑 ∧ 을 → 병

대우: ~병 → ~(갑 ∧ 을) = ~병 → ~갑 ∨ ~을

Q9

젊 ∧ 섬세 ∧ 유연 → 아름

대우: ~아름 → ~(젊 ∧ 섬세 ∧ 유연) = ~아름 → ~젊 ∨ ~섬세 ∨ ~유연

Q10

노래 → 가수

대우: ~가수 → ~노래

Q11

전투능력↑ → 비행시간↓

대우: ~(비행시간↓) → ~(전투능력↑)

Q12

을 → 경제특화

대우: ~경제특화 → ~을

Q13

물 ∧ ~육식 → ~다리

대우: 다리 → ~(물 ∧ ~육식) = 다리 → ~물 ∨ 육식

Q14

내근 → 미혼

대우: ~미혼 → ~내근

Q15

여성 → 연금

대우: ~연금 → ~여성

CHAPTER 02 추론

1 연역 추론 훈련문제 1   문제 57쪽

Q1

밑줄 친 부분 '(b) 입 주변에 가루가 묻어 있잖아'가 전제이다.
이를 증거로 밑줄 친 부분 '(a) 너, 내 찹쌀떡 허락 없이 먹었지?'라는 결론을 도출하고 있다.

Q2

밑줄 친 부분 '(a) 엄청나게 밀리네'가 전제이다.
이 사실을 설명하는 가설로 밑줄 친 부분 '(b) 사고라도 났나.'라는 결론을 도출하고 있다.

Q3

밑줄 친 부분 '(a) 30점 미만은 재시험입니다.'라는 규칙과 '(c) 20점 받았는걸.'이라는 사실이 전제이다.
이 전제를 통해 밑줄 친 부분 '(b) 난 재시험이네.'라는 결론이 도출되었다.

Q4

밑줄 친 부분 (a), (b), (c)가 전제이며 이 여러 사례가 일반화되어 밑줄 친 부분 '(d) 매미는 금방 죽는구나.'라는 결론이 도출되었다.

Q5   정답 ④

전제1은 외국어학원에 다니면서 외국문화에 관심이 없는 사람(즉, 1번과 4번 영역)은 없다는 의미이므로 1번과 4번 영역을 지운다. 그리고 전제2는 5번과 6번 영역 중 어딘가에 특정한 사람이 존재한다는 의미이므로, 5번과 6번의 경계에 별표를 한다. 이는 다음과 같은 모양을 가진다.

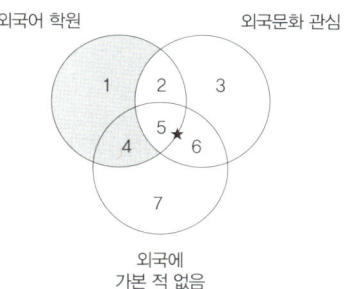

한편 결론은 6번이나 7번 영역에 특정한 사람이 존재한다는 주장인데, 이 주장은 참일 수도 있고, 거짓일 수도 있다. 왜냐하면 전제에서

별표가 5번과 6번의 경계에 그려져 있기 때문에 이 별표가 실제로 5번에 있는지 아니면 6번에 있는지 모르기 때문이다. 이 별표가 5번에 있다면 결론은 거짓인 주장이 될 것이고, 이 별표가 6번에 있다면 결론은 참인 주장이 될 것이다. 다시 말해서, 이 논증의 결론은 참일 수도 있고 거짓일 수도 있기 때문에 타당하지 않다.

1 연역 추론 훈련문제 2
문제 65쪽

Q1
정답 ①

ㄱ. 국립대 → 대통령
　　~ 대통령
　　∴ ~ 국립대
　　(타당한 후건 부정식)

ㄴ. ~지지 → 기각
　　~기각
　　∴ 지지
　　(타당한 후건 부정식)

ㄷ. 본선 2라운드 → 최소 1승
　　1승
　　∴ 본선 2라운드
　　(후건 긍정식의 오류)

"오직 A인 경우에만 B이다"는 형식을 띠기 때문에 화살표 방향에 주의해야 한다.
"B → A"

ㄹ. 1/4이상 결석 → F학점
　　F학점
　　∴ 1/4이상 결석
　　(후건 긍정식의 오류)

Q2
정답 ④

(가), (나), (다), (라), (마) 모두 양도 논법이다.
각각 분석해 보자.

(가) 열공 → ~필요
　　게으름 → ~효과
　　(열공 ∨ 게으름)
　　∴ ~필요 ∨ ~효과

열공과 게으름은 모순 관계가 아니라 반대 관계이다. 따라서 뿔 사이로 피하기로 반박할 수 있다.

(마) 착함 → 법 불필요
　　악함 → 법 소용없음
　　착함 ∨ 악함
　　∴ 법 불필요 ∨ 법 소요없음

착함과 악함은 모순 관계가 아니라 반대 관계이다. 따라서 뿔 사이로 피하기로 반박할 수 있다.
나머지 (나), (다), (라)는 소전제인 두 선언지가 서로 모순이기 때문에 뿔 사이로 피할 수 없다.

(나) 경쟁 → ~평화
　　~경쟁 → ~발전
　　경쟁 ∨ ~경쟁
　　∴ ~평화 ∨ ~발전

(다) 독신 → 불행
　　기혼 → 불행
　　독신 ∨ 기혼
　　∴ 불행

(라) 옳은 말 → 사람이 싫어함
　　~옳은 말 → 신이 싫어함
　　옳은 말 ∨ ~옳은 말
　　∴ 싫어함

2 귀납 추론 훈련문제
문제 71쪽

Q1
정답 ④

어떤 현상을 설명하기 위해 가설을 세우고, 실험이나 관찰을 통해 이 가설을 입증하는 추론 형식이다. 이런 추론을 가설 연역법이라 한다.

▶▶▶ **오답 풀이**
① 귀납적 일반화
② 귀납적 일반화
③ 귀납적 일반화

CHAPTER 03　2025 논리 신유형과 훈련문제

1 참·거짓 유형
문제 72쪽

Q1
정답 ④

ㄱ. 오 → 박 (대우: ~박 → ~오)
ㄴ. 박 → 홍 (대우: ~홍 → ~박)
ㄷ. ~홍 → ~공
ㄹ. 오 → 박 → 홍 (오 → 홍)
ㅁ. ~홍 → ~박 → ~오 (~홍 → ~오)

1 훈련문제
문제 73쪽

Q1
정답 ④

우선 진술들을 구성하는 요소들을 다음과 같이 기호화 해 보자.
　김 주무관이 휴가를 떠난다 : 김
　최 주무관이 휴가를 떠난다 : 최
　박 주무관이 휴가를 떠난다 : 박
　이 주무관이 휴가를 떠난다 : 이
이를 사용하여 제시된 진술들을 논리식으로 표현하면 다음과 같다.
　김 주무관이 휴가를 떠나면, 최 주무관도 떠난다.
　　　　　　　김 → 최 …… ㉠
　최 주무관이 휴가를 떠나면, 박 주무관도 떠난다.
　　　　　　　최 → 박 …… ㉡
　박 주무관이 휴가를 떠나지 않으면, 이 주무관도 떠나지 않는다.
　　　　　　　~박 → ~이 …… ㉢
이제 각 선지를 기호화 하면 다음과 같다.
　① 이 → 최
　② 김 → ~박
　③ ~최 → ~박
　④ ~박 → ~김

이 중 제시된 진술들이 참일 때 반드시 참인 것은 ④이다. ㉡의 대우 명제(~박 → ~최)와 ㉠의 대우 명제(~최 → ~김)를 결합하면 선지 ④(~박 → ~김)를 얻을 수 있기 때문이다.

▶▶▶ 오답 풀이
① 제시된 진술들로부터 이와 최 사이의 논리적 관계를 확인할 수 없다. 따라서 선지 ①(이 → 최)이 반드시 참이라고 할 수 없다.
② ㉠(김 → 최)과 ㉡(최 → 박)을 결합하면 김 → 박을 얻을 수 있다. 그런데 김 → 박이 참일 때 선지 ②(김 → ~박)가 반드시 참인 것은 아니다. 예를 들어, 김과 박이 모두 참인 경우 (즉, 김 주무관과 박 주무관이 모두 휴가를 떠나는 경우), (김 → 박)은 참이지만 선지 ②(김 → ~박)는 거짓이 된다.
③ ㉡(최 → 박)이 참일 때 선지 ③(~최 → ~박)이 반드시 참인 것은 아니다. 예를 들어, 최가 거짓이고 박이 참인 경우(즉, 최 주무관이 휴가를 떠나지 않고 박 주무관이 휴가를 떠나는 경우), ㉡(최 → 박)은 참이지만 선지 ③(~최 → ~박)은 거짓이 된다.

Q2
정답 ③

우선 진술들을 구성하는 요소들을 다음과 같이 기호화 해 보자.
　김 주무관이 승진한다 : 김
　최 주무관이 승진한다 : 최
　박 주무관이 승진한다 : 박
　이 주무관이 승진한다 : 이
이를 사용하여 제시된 진술들을 논리식으로 표현하면 다음과 같다.
　김 주무관이 승진하면, 최 주무관도 승진한다.
　　　　　　　김 → 최 …… ㉠
　최 주무관이 승진하지 않으면, 박 주무관은 승진한다.
　　　　　　　~최 → 박 …… ㉡
　이 주무관이 승진하면, 최 주무관은 승진하지 않는다.
　　　　　　　이 → ~최 …… ㉢
이제 각 선지를 기호화 하면 다음과 같다.
　① 김 → 박
　② ~최 → 이
　③ 이 → 박
　④ 이 → 김

이 중 제시된 진술들이 참일 때 반드시 참인 것은 ③이다. ㉢(이 → ~최)과 ㉡(~최 → 박)을 결합하면 선지 ③(이 → 박)을 얻을 수 있기 때문이다.

▶▶▶ 오답 풀이
① 제시된 진술로부터 김과 박 사이의 논리적 관계를 확인할 수 없다. 따라서 선지 ①(김 → 박)이 반드시 참이라고 할 수 없다.
② ㉢의 대우 명제(최 → ~이)가 참일 때 선지 ②(~최 → 이)가 반드시 참이 되는 것은 아니다. 예를 들어, 최와 이가 모두 거짓인 경우(즉, 최 주무관과 이 주무관이 모두 승진하지 않는 경우), ㉢의 대우 명제(최 → ~이)는 참이 되지만, 선지 ②(~최 → 이)는 거짓이 된다.
④ ㉢(이 → ~최)과 ㉠의 대우 명제(~최 → ~김)를 결합하면 (이 → ~김)을 얻을 수 있다. 그런데 (이 → ~김)이 참일 때 선지 ④(이 → 김)이 반드시 참이 되는 것은 아니다. 예를 들어, 이가 참이고 김이 거짓인 경우(즉, 이 주무관이 승진하고 김 주무관이 승진하지 않는 경우), (이 → ~김)은 참이 되지만, 선지 ④(이 → 김)는 거짓이 된다.

Q3
정답 ②

우선 진술들을 구성하는 요소들을 다음과 같이 기호화 해 보자.
　김 주무관이 기혼이다 : 김
　최 주무관이 기혼이다 : 최
　박 주무관이 기혼이다 : 박

이 주무관이 기혼이다 : 이
이를 사용하여 제시된 진술들을 논리식으로 표현하면 다음과 같다.
　김 주무관이 기혼이면, 최 주무관은 미혼이다.
　　　　　　　　　　김 → ~최 …… ㉠
　김 주무관이 미혼이면, 박 주무관은 기혼이다.
　　　　　　　　　　~김 → 박 …… ㉡
　이 주무관이 미혼이면, 최 주무관은 미혼이다.
　　　　　　　　　　~이 → 최 …… ㉢
이제 각 선지를 기호화 하면 다음과 같다.
　① 박 → ~김
　② ~이 → ~김
　③ 김 → ~이
　④ ~최 → ~박
이 중 제시된 진술들이 참일 때 반드시 참인 것은 ②(~이 → ~김)이다. ㉢(~이 → 최)과 ㉠의 대우 명제(최 → ~김)를 결합하면 선지 ②(~이 → ~김)를 얻을 수 있기 때문이다.

▶▶▶ **오답풀이**
① ㉡(~김 → 박)과 선지 ①(박 → ~김)은 서로 '역 명제'의 관계에 있다. 그런데 역 명제의 경우, 하나가 참인 경우 다른 하나가 반드시 참이 되는 것은 아니다. 예를 들어, 박과 김이 모두 참인 경우(즉, 박 주무관과 김 주무관이 모두 기혼인 경우), ㉡(~김 → 박)은 참이지만 선지 ①(박 → ~김)은 거짓이 된다.
③ ㉠(김 → ~최)과 ㉢의 대우 명제(~최 → 이)를 결합하면 김 → 이를 얻을 수 있다. 그런데 (김 → 이)가 참인 경우, 선지 ③(김 → ~이)이 반드시 참이 되는 것은 아니다. 예를 들어, 김과 이가 모두 참인 경우(즉, 김 주무관과 이 주무관이 모두 기혼인 경우) (김 → 이)는 참이지만, 선지 ③(김 → ~이)은 거짓이 된다.
④ ㉠의 대우 명제(최 → ~김)와 ㉡(~김 → 박)을 결합하면 (최 → 박)을 얻을 수 있다. 그런데 (최 → 박)과 선지 ④(~최 → ~박)는 '이 명제'의 관계에 있다. '이 명제'의 경우, 하나가 참인 경우 다른 하나가 반드시 참이 되는 것은 아니다. 예를 들어, 최가 거짓이고 박이 참인 경우(즉, 최 주무관이 미혼이고 박 주무관이 기혼인 경우) (최 → 박)은 참이지만 선지 ④(~최 → ~박)은 거짓이 된다.

Q4　　　　　　　　　　　　　　　　　　　정답 ②

우선 진술들을 구성하는 요소들을 다음과 같이 기호화 해 보자.
　A국이 조약에 가입한다 : A
　B국이 조약에 가입한다 : B
　C국이 조약에 가입한다 : C
　D국이 조약에 가입한다 : D
이를 사용하여 제시된 진술들을 논리식으로 표현하면 다음과 같다.
　A국이 조약에 가입하면, B국은 가입하지 않는다.
　　　　　　　　　　A → ~B …… ㉠
　C국이 조약에 가입하면, B국은 가입한다.
　　　　　　　　　　C → B …… ㉡
　C국이 조약에 가입하지 않으면, D국도 가입하지 않는다.
　　　　　　　　　　~C → ~D …… ㉢
이제 각 선지를 기호화 하면 다음과 같다.
　① A → C
　② ~B → ~D
　③ C → D
　④ D → A
이 중 제시된 진술들이 참일 때 반드시 참인 것은 선지 ②이다. ㉡의 대우 명제(~B → ~C)와 ㉢(~C → ~D)을 결합하면 (~B → ~D), 즉 선지 ②를 얻을 수 있기 때문이다.

▶▶▶ **오답풀이**
① ㉠(A → ~B)과 ㉡의 대우(~B → ~C)를 결합하면 (A → ~C)를 얻을 수 있다. 그런데 (A → ~C)가 참일 때 선지 ①(A → C)가 반드시 참이 되는 것은 아니다. 예를 들어, A가 참이고 C가 거짓인 경우(즉, A국이 조약에 가입하고 C국이 가입하지 않는 경우), (A → ~C)는 참이지만 선지 ①(A → C)은 거짓이다.
③ ㉢(~C → ~D)과 선지 ③(C → D)은 서로 '이 명제'의 관계에 있다. 그런데 '이 명제'의 경우, 하나가 참일 때 다른 하나가 반드시 참인 것은 아니다. 예를 들어, C가 참이고 D가 거짓인 경우(즉, C국이 조약에 가입하고 D국이 가입하지 않는 경우), ㉢(~C → ~D)은 참이지만 선지 ③(C → D)은 거짓이다.
④ ㉢의 대우 명제(D → C)와 ㉡(C → B) 과 ㉠의 대우 명제(B → ~A)를 결합하면 (D → ~A)를 얻을 수 있다. 그런데 (D → ~A)가 참일 때 선지 ④(D → A)가 반드시 참이 되는 것은 아니다. 예를 들어, D가 참이고 A가 거짓인 경우 (즉, D국이 조약에 가입하고 A국이 가입하지 않는 경우), (D → ~A)는 참이지만 선지 ④(D → A)는 거짓이다.

Q5　　　　　　　　　　　　　　　　　　　정답 ③

우선 진술들을 구성하는 요소들을 다음과 같이 기호화 해 보자.
　갑이 펀드에 투자한다 : 갑
　을이 펀드에 투자한다 : 을
　병이 펀드에 투자한다 : 병
　정이 펀드에 투자한다 : 정
이를 사용하여 제시된 진술들을 논리식으로 표현하면 다음과 같다.
　갑이 펀드에 투자하면, 을은 투자하지 않는다.
　　　　　　　　　　갑 → ~을 …… ㉠
　갑이 펀드에 투자하지 않으면, 병은 투자한다.
　　　　　　　　　　~갑 → 병 …… ㉡
　을이 펀드에 투자하지 않으면, 정도 투자하지 않는다.
　　　　　　　　　　~을 → ~정 …… ㉢
이제 각 선지를 기호화 하면 다음과 같다.
　① 갑 → 정
　② 을 → 정
　③ ~병 → ~을
　④ ~정 → 갑

이 중 제시된 진술들이 참일 때 반드시 참인 것은 선지 ③(~병 → ~을)이다. ⓒ의 대우 명제(~병 → 갑)와 ㉠(갑 → ~을)을 결합하면 선지 ③(~병 → ~을)을 얻을 수 있기 때문이다.

▶▶▶ **오답 풀이**

① ㉠(갑 → ~을)과 ⓒ(~을 → ~정)을 결합하면 (갑 → ~정)을 얻을 수 있다. 그런데 (갑 → ~정)이 참일 때 선지 ①(갑 → 정)이 반드시 참인 것은 아니다. 예를 들어, 갑이 참이고 정이 거짓인 경우(즉, 갑이 펀드에 투자하고 정이 투자하지 않는 경우) (갑 → ~정)은 참이지만, 선지 ①(갑 → 정)은 거짓이다.

② ⓒ(~을 → ~정)과 선지 ②(을 → 정)는 '이 명제'의 관계에 있다. 그런데 '이 명제'의 경우 하나가 참일 때 다른 하나가 반드시 참인 것은 아니다. 예를 들어, 을이 참이고 정이 거짓인 경우(즉, 을이 펀드에 투자하고 정이 투자하지 않는 경우) ⓒ(~을 → ~정)은 참이지만 선지 ②(을 → 정)는 거짓이다.

④ ⓒ의 대우 명제(정 → 을)와 ㉠의 대우 명제(을 → ~갑)을 결합하면 (정 → ~갑)을 얻을 수 있다. 그런데 (정 → ~갑)과 선지 ④(~정 → 갑)은 서로 '이 명제'의 관계에 있다. 그런데 '이 명제'의 경우 하나가 참일 때 다른 하나가 반드시 참인 것은 아니다. 예를 들어 정과 갑이 모두 거짓인 경우(즉, 정과 갑이 모두 펀드에 투자하지 않는 경우) (정 → ~갑)은 참이지만 선지 ④(~정 → 갑)는 거짓이다.

2 결론 추리 유형 문제 78쪽

Q2 정답 ①

1. 기호로 풀기

   노인 ∧ ~일자리

   공직 → 일자리 (~일자리 → ~공직)

   ∴ 노인 ∧ ~공직

2. 벤다이어그램으로 풀기

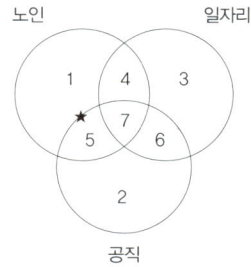

1과 5의 경계에 별표를 한다.

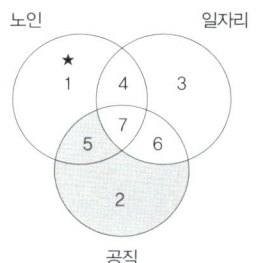

5와 2의 영역을 지운다. 이때 1과 5의 경계에 있던 별표는 1로 이동하게 된다.

전제 2에서 5가 지워지므로 결론은 1 영역만 남게 되어 정답은 ①이다.

2 훈련문제 문제 79쪽

Q1 정답 ①

1. 기호로 풀기

   음악 ∧ ~공연

   예술 → 공연 (~공연 → ~예술)

   ∴ 음악 ∧ ~예술

2. 벤다이어그램으로 풀기

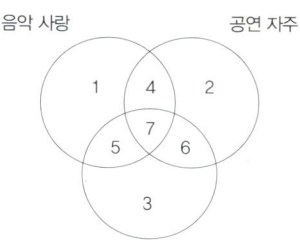

(가)는 음악에는 포함되지만 공연에는 포함되지 않는 사람이 존재한다는 의미이므로, 1과 5의 경계에 별표를 한다.

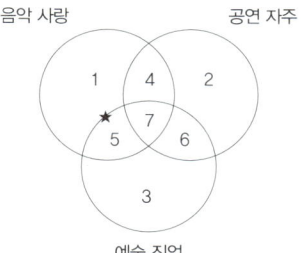

(나)는 예술에 포함되지만 공연에 포함되지 않는 사람은 존재하지 않는다는 의미이므로, 3과 5의 영역을 지운다. 이때 1과 5의 경계에 있던 별표는 1로 이동하게 된다.

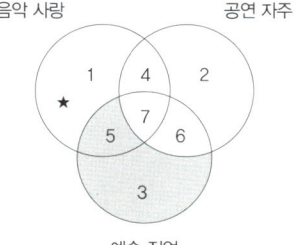

이제 각 선지를 검토해 보자.

① 음악을 사랑하는 사람(1, 4, 5, 7) 중 예술분야의 직업을 가지지 않은 사람(1, 4)이 존재한다는 의미이다. 1에 누군가가 존재하므로 적절한 선지이다.

Q2

정답 ②

1. 기호로 풀기

   단맛 ∧ 매운맛

   짠맛 → ~매운맛

   ∴ 매운맛 → ~짠맛

2. 벤다이어그램으로 풀기

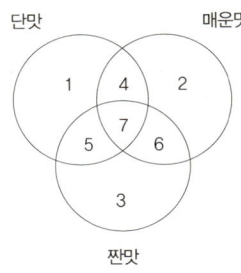

(가)는 단맛과 매운맛을 모두 좋아하는 사람이 존재한다는 의미이다. 즉 4나 7에 누군가가 존재한다는 의미이다. 따라서 다음과 같이 4와 7의 경계에 별표를 한다.

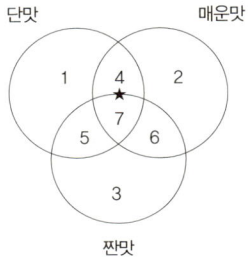

(나)는 짠맛에 포함되는 사람들 중에 매운맛에 포함되는 사람은 존재하지 않는다는 의미이다. 즉 6과 7에 아무도 존재하지 않는다는 의미이다. 따라서 6과 7의 영역을 지운다. 이때 4와 7의 경계에 있던 별표는 4로 이동한다.

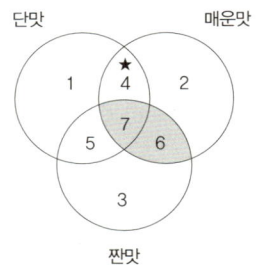

Q3

정답 ④

1. 기호로 풀기

   해외여행 → 비행기

   비행기 ∧ ~배

   ∴ ~배 ∧ 비행기 (동치 규칙에 부합)

2. 벤다이어그램으로 풀기

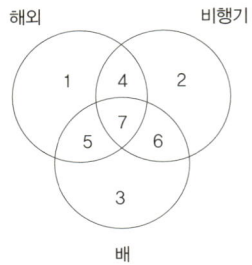

(가)는 해외여행 경험이 있는 사람(1, 4, 5, 7) 중 비행기를 타보지 않은 사람(1, 5)은 존재하지 않는다는 의미이므로, 다음과 같이 1, 5를 지운다.

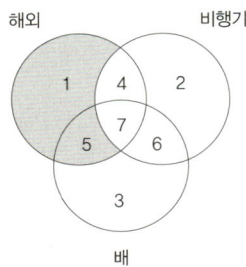

(나)는 비행기를 타본 사람(2, 4, 6, 7) 중에 배를 타보지 않은 사람(2, 4)이 존재한다는 의미이므로, 2와 4의 경계에 별표를 한다.

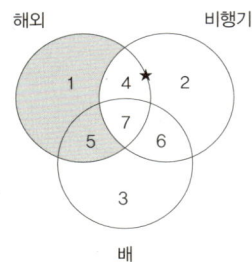

Q4

정답 ①

1. 기호로 풀기

   비디오 ∧ 오디오

   비디오 → ~식품

   ∴ 오디오 ∧ ~식품

2. 벤다이어그램으로 풀기

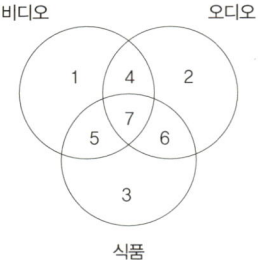

(가)는 비디오 기기를 생산하는 회사(1, 4, 5, 7) 중에서 오디오 기기를

생산하는 회사(4, 7)가 존재한다는 의미이므로, 다음과 같이 4와 7의 경계에 별표를 한다.

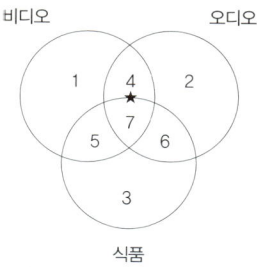

(나)= 비디오 기기를 생산하는 회사(1, 4, 5, 7) 중 식품 가공 회사(5, 7)가 존재하지 않는다는 의미이므로, 다음과 같이 5와 7을 지운다. 이때 별표는 4로 이동한다.

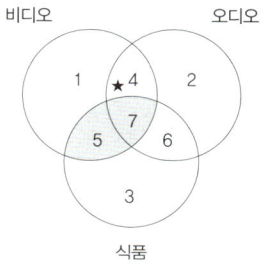

Q5
정답 ④

1. 기호로 풀기

    음향 → 전자
    음향 ∧ ~코드리스
    ∴ 전자 ∧ ~코드리스

2. 벤다이어그램으로 풀기

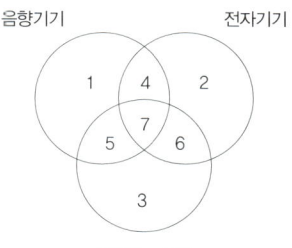

(가)는 음향기기(1, 4, 5, 7) 중 전자 기기가 아닌 것(1, 5)이 존재하지 않는다는 의미이므로, 다음과 같이 1, 5를 지운다.

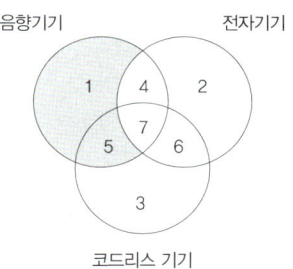

(나)는 음향기기(1, 4, 5, 7)이면서 코드리스 기기가 아닌 것(4)이 존재한다는 의미이므로, 다음과 같이 4에 별표를 한다.

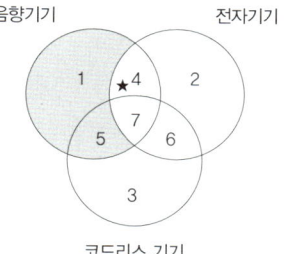

3 전제 추리 유형
문제 84쪽

Q3
정답 ①

1. 기호로 풀기

    문학 → 자연
    자연 ∧ 예술
    자연 → 문학
    ∴ 예술 ∧ 문학

2. 벤다이어그램으로 풀기

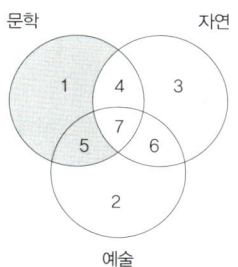

전제 1에서 1과 5를 지운다.

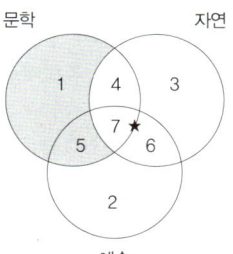

전제 6과 7 경계에 별표를 한다.

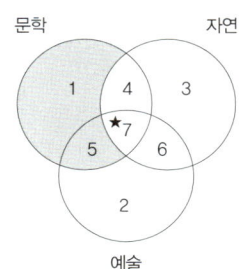

그런데 결론이 7이므로 6을 지우는 전제를 추가해야 한다.

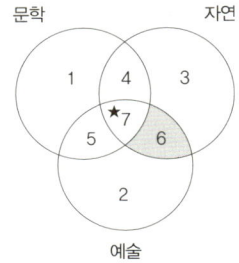

따라서 ①번에서 6이 지워진다.

3 훈련문제   문제 85쪽

Q1   정답 ①

박스 안에 주어진 문장이 모두 전칭명제이므로, 즉 특칭명제는 사용되고 있지 않으므로, 문장의 기호화를 통한 명제 논리적 접근으로 문제를 푼다.
우선 문장들을 구성하는 요소들을 다음과 같이 기호화 해 보자.
    컴퓨터에 능숙한 사람 : 컴
    과학기술에 관심이 많은 사람 : 과
    감성적인 사람 : 감
    게임을 좋아하는 사람 : 게
이로부터 박스 안의 문장들을 기호화하면 다음과 같다.
    컴퓨터에 능숙한 사람은 모두 과학기술에 관심이 많은 사람이다.
                                  컴 → 과 …… ㉠

    감성적인 사람은 모두 과학기술에 관심이 많지 않은 사람이다.
                                감 → ~과 …… ㉡

    컴퓨터에 능숙하지 않은 사람은 모두 게임을 좋아하지 않는 사람이다.
                                감 → ~게 …… ㉢
㉠과 ㉡으로부터 ㉢을 이끌어내야 하는 상황이다. 그런데 우선 ㉠과 ㉡을 결합하기 위해서 ㉠의 대우 명제를 구해보면 (~과 → ~컴)이 된다. 이제 ㉡과 ㉠의 대우 명제(~과 → ~컴)를 결합하면 (감 → ~컴)이 된다.
이제 (감 → ~컴)으로부터 ㉢ 즉, (감 → ~게)를 이끌어내기 위해 추가해야 할 선지는 ①이다. 즉 선지 ①이 추가되면 (감 → ~컴)에 선지 ①의 대우 명제인 (~컴 → ~게)를 결합하여 ㉢(감 → ~게)를 이끌어낼 수 있다.
다른 선지들의 경우에는 (감 → ~컴)과 결합해도 ㉢(감 → ~게)를 이끌어낼 수 없다.

Q2   정답 ③

박스 안에 주어진 문장이 모두 전칭명제이므로, 즉 특칭명제는 사용되고 있지 않으므로, 문장의 기호화를 통한 명제 논리적 접근으로 문제를 푼다.
우선 문장들을 구성하는 요소들을 다음과 같이 기호화 해 보자.
    아침에 일찍 일어나는 사람 : 아
    부지런한 사람 : 부
    의욕적인 사람 : 의
    쉽게 포기하는 사람 : 포
이로부터 박스 안의 문장들을 기호화하면 다음과 같다.
    아침에 일찍 일어나는 사람은 모두 부지런한 사람이다.
                                아 → 부 …… ㉠

    의욕적인 사람은 모두 아침에 일찍 일어나는 사람이다.
                                의 → 아 …… ㉡

    의욕적인 사람은 쉽게 포기하는 사람이 아니다.
                                의 → ~포 …… ㉢
㉠과 ㉡으로부터 ㉢을 이끌어내야 하는 상황이다. 우선 ㉡(의 → 아)과 ㉠(아 → 부)을 결합하면 (의 → 부)를 얻을 수 있다. 그런데 (의 → 부)로부터 ㉢(의 → ~포)를 이끌어내기 위해서는 (부 → ~포)가 추가되면 된다. 그런데 선지에서 (부 → ~포)는 없지만, 그 대우 명제인 (포 → ~부), 즉, 선지 ③이 있다. 따라서 선지 ③을 추가하면 (의 → 부)와 선지 ③의 대우 명제(부 → ~포)를 결합하여 ㉢(의 → ~포)를 이끌어낼 수 있다.
다른 선지들의 경우에는 (의 → 부)과 결합해도 ㉢(의 → ~포)를 이끌어낼 수 없다.

Q3   정답 ②

박스 안에 주어진 문장이 모두 전칭명제이므로, 즉 특칭명제는 사용되고 있지 않으므로, 문장의 기호화를 통한 명제 논리적 접근으로 문제를 푼다.
우선 문장들을 구성하는 요소들을 다음과 같이 기호화 해 보자.
    의류를 구매하는 사람 : 의
    식재료를 구매하는 사람 : 식
    전통 시장을 방문하는 사람 : 전
    현금으로 결제를 하는 사람 : 현
이로부터 박스 안의 문장들을 기호화하면 다음과 같다.
    의류를 구매하는 사람은 모두 식재료를 구매하지 않는다.
                                의 → ~식 …… ㉠
    전통 시장을 방문하는 사람은 모두 현금으로 결제를 하는 사람이다.
                                전 → 현 …… ㉡
    따라서 식재료를 구매하는 사람은 모두 현금으로 결제를 하는 사람이다.
                                식 → 현 …… ㉢

㉠과 ㉡으로부터 ㉢을 이끌어내야 하는 상황이다. 그런데 현재의 상태로는 ㉠과 ㉡에 공통적인 요소가 없기 때문에 ㉠과 ㉡을 결합할 수가 없으므로 ㉠과 ㉡을 결합할 수 있는 문장이 추가되어야 함을 짐작할 수 있다.

우선 ㉠의 대우 명제를 구해 보면 (식 → ~의)가 된다. 이제 (식 → ~의)와 ㉡(전 → 현)을 결합하기 위해서는 (~의 → 전)이 추가되어야 함을 알 수 있다. 그렇게 되면 (식 → ~의)와 (~의 → 전)을 결합하여 (식 → 전)을 얻을 수 있고, 이를 다시 ㉡(전 → 현)과 결합하여 (식 → 현), 즉 ㉢을 얻을 수 있는 것이다. 따라서 정답은 ②번이다.

다른 선지들은 추가되어도 ㉢(식 → 현)을 이끌어낼 수 없다.

Q4 정답 ④

1. 기호로 풀기
   A 식재료 → 국내 생산
   국내 생산 ∧ 직접 유통
   (추가 전제는 국내생산 → A 식재료)
   ∴ 직접 유통 ∧ A 식재료
2. 벤다이어그램으로 풀기

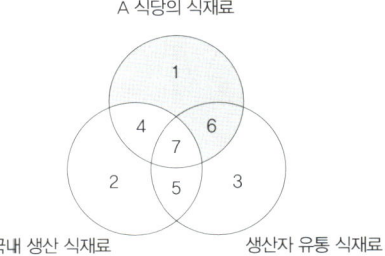

첫 번째 전제는 A 식당의 식재료(1, 4, 6, 7) 중에서 국내에서 생산되지 않는 식재료(1, 6)는 존재하지 않는다는 의미이므로, 다음과 같이 1과 6을 지운다.

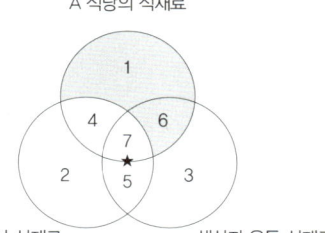

두 번째 전제는 국내에서 생산되는 식재료(2, 4, 5, 7) 중에 생산자가 직접 유통하는 식재료(5, 7)가 존재한다는 의미이므로, 다음과 같이 5와 7의 경계에 별표를 한다.

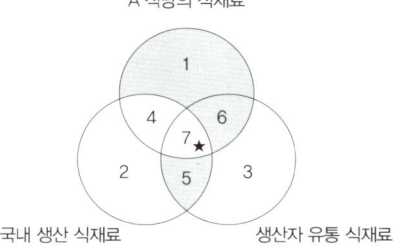

그런데 결론은 생산자가 직접 유통하는 식재료(3, 5, 6, 7) 중에 A 식당의 식재료(6, 7)가 존재한다는 의미이다. 그런데 6에는 아무 것도 존재하지 않으므로, 결론을 이끌어내기 위해서는 7에 별표가 있어야 한다.

이로부터 7에 별표가 존재한다는 결론을 이끌어 낼 수 있으므로, 적절한 선지이다.

Q5 정답 ③

1. 기호로 풀기
   한국 산 → 신생대 이전
   신생대 이전 ∧ 풍화 침식
   (추가 전제는 신생대 이전 → 한국 산)
   ∴ 한국산 ∧ 풍화 침식
2. 벤다이어그램으로 풀기

첫 번째 전제는 한국의 산(1, 4, 6, 7) 중에서 신생대 이전에 형성되지 않은 산(1, 6)이 존재하지 않는다는 의미이므로, 다음과 같이 1, 6을 지운다.

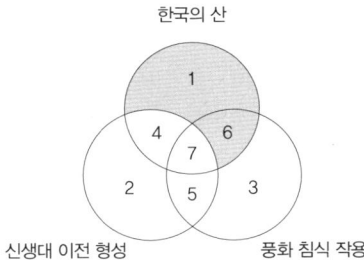

두 번째 전제는 신생대 이전에 형성된 산(1, 4, 5, 7) 중에 풍화 침식 작용을 겪은 산(5, 7)이 존재한다는 의미이므로, 다음과 같이 5와 7의 경계에 별표를 한다.

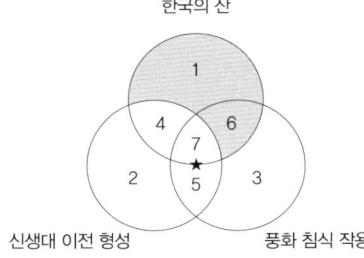

결론은 한국의 산(1, 4, 6, 7) 중에 풍화 침식 작용을 겪은 산(6, 7)이 존재한다는 의미이므로, 6, 7에 별표가 존재해야 한다. 그런데 6에는 아무 것도 존재하지 않으므로, 결국 7에 별표가 존재해야 한다.

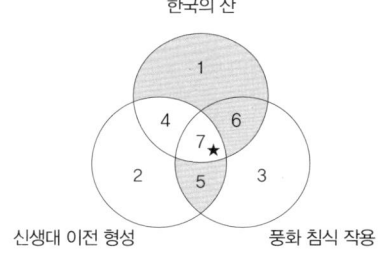

MEMO

MEMO

윤주국어 논리&논증의 여왕

ISBN 979-11-94002-26-0

발행일	2024년 7월 22일 초판 1쇄
	12월 10일 2쇄
저 자	이윤주
발행인	이용중
발행처	(주)배움출판사
주 소	서울시 영등포구 영등포로 400 신성빌딩 2층(신길동)
주문 및 배본처	Tel. 02) 813-5334	Fax. 02) 814-5334

본서는 저작권법 보호대상으로 무단복제(복사, 스캔), 배포, 2차 저작물 작성에 의한 저작권 침해를 금합니다.
또한 저작권법 제136조에 따라 5년 이하의 징역 또는 5천만 원 이하의 벌금에 처하거나 이를 병과할 수 있으며, 저작권법 제125조에 따라 1억 원 이상의 손해배상책임이 발생할 수 있습니다.
• 저작권 침해 제보 baeoom1@hanmail.net, 전화 02) 813-5334

정가 10,000원